汉默顿 人文启蒙

人类文明

【英】汉默顿◎主编   张君峰◎译

石油工业出版社

图书在版编目（CIP）数据

人类文明 / ［英］汉默顿主编；张君峰译. -- 北京：石油工业
出版社，2015.1
（汉默顿人文启蒙）
ISBN 978-7-5021-9850-3

Ⅰ.人··· Ⅱ.①汉··· ②张··· Ⅲ.世界史-文化史-通俗读物
Ⅳ.K103-49

中国版本图书馆CIP数据核字（2013）第258684号

汉默顿人文启蒙·人类文明

出版发行：石油工业出版社
　　　　　（北京安定门外安华里2区1号楼 100011）
　　　　　网址：www.petropub.com
　　　　　联系电话：（010）64523558
经　　销：全国新华书店
印　　刷：北京中石油彩色印刷有限责任公司

2015年1月第1版　 2015年1月第1次印刷
740×1060毫米　 开本：1/16　 印张：19.75
字数：254千字

定　价：32.00元

人文阅读开启智慧的天窗

著名物理学家杨振宁先生回国后，经常受邀到大学校访问讲演，他有许多的机会接触年轻的一代，当他看到我们的年轻人受到市场经济的影响，纷纷涌向管理学、经济学等"热门"专业时，忧心忡忡。因为大多数年轻人在做这些专业选择时，往往没有自己的思考，而是随着潮流走。

杨振宁先生在许多的演讲中都语重心长地告诫年轻学子应多多阅读人文著作，这些看起来并不如那些"热门"专业有用的知识，但却是我们终身发展所需。人文阅读有利于培养人的抽象思维、理性思维，有利于培养人的文化人格、道德性灵、精神追求，更有利于培养人的生命和灵魂的健康品质。

杨先生的洞见可谓切中要害，我们不得不承认现在的阅读生活正在逐渐滑向"浅阅读"，传统的人文阅读遇到了前所未有的冲击。所谓"浅阅读"，主要表现为阅读兴趣单一、阅读速度快、阅读动机功利化。而人文阅读讲究一个由浅入深、由此及彼、由表及里的过程，其意义与价值要真正得到实现，有赖于读者的积极参与和深入体味。

如果我们失去发对人文阅读的追求，只有时尚阅读、娱乐阅读、消费阅读、功利性阅读，那么我们的心灵就会日趋浅薄。一个浅薄的心灵是没有文化感受性和道德同情心的，也无真正的智慧可言。"浅阅读"容易使人沉溺在浅层次的生活情境上，使自己的生活变得狭隘单调，从而放弃获得全面深刻认识世界和自身的机会。从这个角度说，只读有用书，便成有用人。

所以，我们呼吁以人文阅读来开启我们智慧的天窗，不要让肤浅的阅读蒙蔽我们心灵的双眼。读书一定要读值得深思的著作、值得品味的经典，因为这些书向我们展示了人类智慧与尊严，让我们在认识世界的同时也认识自身。

放眼世界，并不缺乏这样的经典著作。许多优秀的人文作品，都是那个时代杰出学者与思想家的智慧结晶。一百多年前，在英国有一位杰出的百科全书编辑，名叫J.A.汉默顿，他热衷于编辑整理那个时代各领域的大师名作。《英国传记大辞典》称赞他是"英国已知的大部头参考书最成功的创作者"。

今天我们有幸出版的这套"汉默顿人文启蒙"，就是从他的大部头作品中精选出来的一个集子，这个集子的每一位作者都非同凡响，有的是英国皇家学会的会员，有的是不列颠学院的院士，他们的思想曾深深地影响着那一个时代。他们用独特的视角洞悉人类的变迁与文明的兴衰，用非凡的思维为我们探析世界的真相与历史的智慧。阅读这样的作品，我们可以汲取人类先贤们认识社会、思考自然、探究人生的宝贵经验，可以丰富自己的人生思想，可以激励自己努力开阔视野、提炼人生哲理、探求宇宙奥秘！

"汉默顿人文启蒙"分为三册，分别是《世界起源》、《人类文明》和《帝国兴衰》。《世界起源》开篇就将我们探索世界的目光投向亘古而浩瀚的宇宙。从自然科学的角度为我们解开恒星、行星与卫星起源的谜题。对地球的构成、生命的出现、万物的产生、生物的进化做出了科学而有趣的推断。后半部分把探索的对象聚焦于被称为万物之灵的人类。勾画出人类进化、种族变迁、原始公社以及新旧石器时代的历史画卷。这些未知而遥远的过去，神秘而迷人，当它展现于我们眼前时，无不为之惊讶、赞叹！

《人类文明》一书纵观了人类文明演化的历程，我们发现，虽然人类文明的发祥地各不相同，但经历的过程大致相似。人类在统治大陆的最初阶段都是依靠自然之物来维持生存；其后学会耕种，开始培育作物，为的是生活；最后开始寻找、发掘、占领地上和地下资源，建立自己的统治范围，创建自己的城邦与文化。在这个过程中，艺术、思潮与科学都应运而生，慢慢延伸和影响到我们每一个人的生活。

《帝国兴衰》全书用浓厚的笔墨展示了在这个星球上数十个帝国或王朝兴亡嬗变的历史大事。其中充满了臣服与抗衡，权谋与博弈。一部人类史就是由许多的帝国兴衰史所构成的，每一个国家的缔造与崩溃，都在推动着政治制度的演变、经济结构的发展、民族文化的融合。无论是神秘消失的族群还是光荣崛起的城邦，都曾推动着时代前进的车轮。

这三部作品从不同的层面，为我们描绘人类历史的进程。如果我们的记忆中没有了历史，那么思考中就不会有智慧。所以这是一套帮助我们打开智慧天窗的作品，它更深层次的含义和价值有待我们去挖掘，这个挖掘的过程就是"深阅读"的过程，就是思考的过程。

译者

2014年10月

目录
CONTENTS

第一章
古代文明的起源

J.L.梅尔斯教授【编】

J.L.梅尔斯教授：牛津大学威克海姆古代史讲座教授，《历史的曙光》等书的作者。

1 文化碰撞促成文明的产生

绝大多数人类社会都将其世代生存归功于一种相当稳定、难以改变的生活模式和社会制度体系。在偶然的情况下，人们也可能会发现这些习惯和习俗起源的时间和方式；但通常情况下，无论是通过他人告知，还是通过科学调查，关于这一问题能够得出的答案，都可以追溯到认知或者记忆所及的久远的从前，在那个时候，这些习惯和习俗就已经成型；对人类自身的更深层次的看法，则最好停留在"人类向来如此"上。也就是说，这些社会中的可用资源与实现需要之间能够达成相互适应的状态，如若人们感到不适或者产生额外需求的时候，他们也能够接受，且认为这是无法避免的，因而通常就会被解释为某些违规行为的惩罚，或者是某种已经确立的秩序的结果，却并不将其归咎于他们自身的行为未能根据其实际情况做出调整。

因此，原始社会的品质和行为显然会趋于稳定状态，那么在没有某些突发性因素的情况下，该社会的规模以及占据一片自然区域的部落或其他群落数量，也似乎是保持一致的。但是，人类与其他生物的不同之处在于，其他生物在野外的状态下无限制地繁衍，且其实际的数量受到"适者生存"法则的限制，一窝出生的幼崽大部分会在其还未长大前就夭折。在更为原始的人类社会中，人们更加刻意地避免人口过剩，要不是通过延迟婚姻，就是通过其他形式的限制，甚至会有计划地弑杀婴儿。

因此，在与其区域环境相适应的社会中，对于早期人类而言，并不比"类人猿"或者"狮子王"有更多的空间，来改变自己种族的具体行为，来开始进行其更好生活的阶段，而且，在没有外部扰乱因素的情况下，也很难看到这样的平衡发生改变。

另一方面，民族迁徙确实时有发生，且规模有大有小。因为一个群落迁徙到另一个群落占据的区域，是打乱惯性平衡最为显著也最为常见的原因。所以，在查证迁徙族群自身的结果以及迁徙对迁入地居民的影响之前，很有必要先确定他们迁徙的动机以及他们能够迁徙的机会。

首先，气候和植被的地理分布并不是固定的，虽然大部分的分布变化具有渐进性，但在某些偶然情况下，这种分布变化是急速和深入的。在较长的历史时期内，这类变化是累进的。例如一个冰河时代在北美地区和欧洲西北部地区的前推和后撤，或者会在一个相对较短的时间周期内出现浮动变化；例如几段时间内的夏天或热或凉、或湿或干，自从人们开始记录小麦产量后，小麦产量的数据就可以用来区分不同的夏天。

在有些地区，气候上的微小差异，例如降水量上的差异，就会导致放牧草原和纯粹沙漠的截然不同的地貌，显然，这类浮动变化对那些地区的影响最为显著，因为经历多个旱季导致的大规模植物死亡，要经历很长一段时间来恢复，所以，气候变化的结果对居住于这类草地上的放牧民族会造成最为剧烈的扰乱。因此，他们一直在冬天和夏天的放牧草场之间迁徙，而且他们可以毫不费力地将族群和牲畜转移到受干旱影响不太严重的地区。

尽管这些草地广袤辽阔，但它们总有边界，而且那些有高山障碍的边界比森林带的边界更难趋近，在森林地带离开人们视线的牛群，会被野兽猎杀，并且居住于此的居民，猎人要猎捕游牧部落的牲畜群是轻而易举的，农民会奋力驱赶游牧牲畜群保卫他们的庄稼，就像牧羊人守卫他的羊群不受捕猎野兽的攻击一样。但是在边界争端中，游牧部落高度的灵活性、良好的纪律以及密切的合作，使其能够更好地集中发动攻击和共同防御，这使他们具有了绝对的优势。 一旦在一个地点战败，他们可以撤退到森林居民无法追击的开阔地上；一旦取胜，他们则会让当地活下来的居民加入到他们的部族并且驯化这些人。换句话说，就是奴役这些人，把他们当作"伐木工或者挑水工"，最重要的是，当成洋葱、韭葱、黄瓜这些稀有蔬菜的种植者，这样几

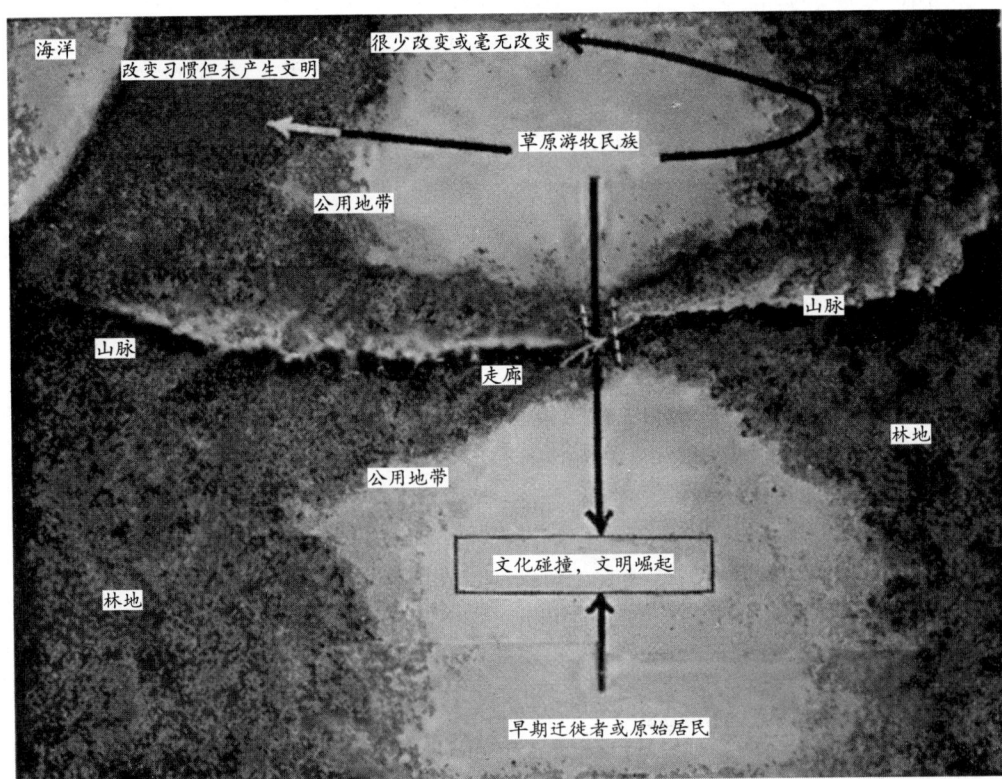

草原游牧部落之路

历次文明崛起之地的背后，人们都会怀疑可能是一个游牧部落侵入了具有不同文化的部落的定居区。上图简明扼要地呈现了开始踏上游牧之旅的草原地区居民可能遭遇的三种命运。

乎能够使那些过惯田园生活的人变成"奴役"。

在这种类型的迁徙过程中，农居部落的人们能够深入到一个森林带外围绿地边缘的程度，这种明显的差异，是由当地的环境所决定的，我们必须考虑到环境的因素。只要这种入侵是从边缘开始，且入侵者侵入时向草原撤退的路仍然保持开放——如同很多场合发生的那样——相较入侵者而言，结果对于被征服者更为重要，虽然入侵者在某种程度上不可避免地要改变生活习惯和思想观念。然而，另外两种情况具有更深刻的意义：其中一种情况是入侵者永久性地、不可逆转地融入到了全新的环境中，且逐步适应了这种环境；另一种情况是他们开辟新路穿过森林地带，到达另外一片与他们来的地方或多或少相似的开阔地带。

第一种命运的典型代表是居于欧亚干草原的原始放牧民族，他们大规模迁徙到布满森林的欧洲半岛地区，这里除了大西洋海岸线之外空无一物；还有居住在阿拉伯沙漠边缘的居民，迁往面向地中海的"约旦河这边的美好家园"。第二种命运的典型案例是马扎尔人穿过莫拉维亚关卡和喀尔巴阡山系通道迁居到匈牙利平原，还有土耳其人迁到小亚细亚，以及居于欧亚干草原的雅利安语系民族，迁居到波斯高原、美索不达米亚平原以及印度北部，其迁徙规模远远大于其他民族。

要穿越环境恶劣艰难险阻的地区，到达外面的"美好家园"，需要经过通道，这样的通道一经发现不会随便被弃用，这是不言而喻的；站在历史的角度，我们应该看到积久渐成的迁徙之路，显然已成为地球表面重要的地理特征。

然而，无论是开辟者还是后继者，穿过这条通道的民族的命运都是复杂的，其他民族沿着这条通道相继到达这里，后来者足以取代或扰乱他们原有的秩序，就像他们当初扰乱本地居民的生活一样。因此，在这些伟大的通道引导下，不同的民族来到这里，并在此不断地融合发展，通常一种新文明的发祥地就这样形成了。典型的例子就是埃及、印度和中国的历史文化；北美和南美陆桥的发展过程在本质上也是相似的。

迁移到陌生的环境后，区域内势必会出现民族间关系紧张的局面，在发生各种冲突后，最终会形成团结的部落组织和原始社会亲密的群居行为。在这个大环境下，个人的价值就如同蚂蚁群、蜜蜂群、野牛群或马群这些自然物种群中单个的动物一样微乎其微。人们称这种混乱时期为"自行思考"阶段，因为无论在什么时候，人们所要考虑的首要问题就是养活自己，而不会去考虑风俗习惯。

众所周知的事例，比如，混乱危机，一代又一代具有个性化和自我意识的民族的出现，以及在他们的领导下新的生活方式和思想的萌芽，这些正是古希腊的荷马史诗所赞颂的时期，也是日耳曼人迁徙时期的史诗文献中所记载的，同样在冰岛维京人殖民期间的文献中也可以找到类似事例。另一方面，迁徙民族中仍然保留着"长老制度"，作为国家最早的移居者，面临着"学习工艺"的责任，他们还是跟以往一样逐渐适应了新的环境。然而，迁徙的尝试对于居住在巴勒斯坦这一片乐土的希伯来人而言，却是一个悲剧。依据这一线索，我们应该看到巴伦比亚、波斯以及印度作为迁徙之地的情况，它们都有着相似的历史，因而它们的早期文献是一部极具说服力的国家自传。

在所有的动乱时期，都会明显地涉及三个主要因素：区域内的地理条件，新到移民的素质和初到时的行为，以及幸存的原住民族的人种和文化。尽管这些因素在某些方面的相似性超出预期，但每个因素在每种新文化的摇篮中都是不同的，它们之间相互作用的结果也是不同的。因此，我们现在要做的就是依次调查人类迁徙的主要通道，并且描绘出每条通道内文化碰撞的结果。

❷ 中国文明的诞生

旧大陆最大的草原有五个：蒙古、青藏高原、欧亚草原、阿拉伯和北非。每片草原都孕育着自己的游牧民族，他们拥有着独特的种族特征和文化，这足以说明，当地的地理结构或植被所构成的天然屏障使得他们处在与世隔绝的状态，而那些通往草原的通道也只是近期才被人们发现的。

蒙古语系的地区占据着北方，范围接近亚洲大陆的一半，现在尚存三个分支：向西、向北和向东。每个分支都是一个不同的种族。

沿着准格尔走廊向西前行，少数区域仍然很富饶，但经过阿莱山脉的南部和北部时，就会变得很崎岖陡峭。从土耳其斯坦东部到西部，所有的道路都通向欧亚草原的东部。向北前行则是叶尼塞河和阿穆尔河的河源上游，两条河流的东北方就是勒拿河，三条河流交织出一片山区林地。 在这一片山林之中，来自蒙古草原的移民不得不放弃他们原始的畜牧业，转向以打猎为生，而逐渐适应山林生活。兴安岭作为蒙古东部和满洲的分界线，显然已成为第三扇大门或者说已成为东方的门户。在中国万里长城的映衬下，这三块区域清晰可辨，人类为了抵挡外来侵略者因而在北方修筑了这一道防线。强劲的西风把蒙古地表的细尘吹向了南方，源源不断的细尘堆积成厚厚的"黄土"，这些黄土就在南方区域沉积了下来，限制了山林向南蔓延的趋势，同时中国北方（从北京到长江这一带）的低地也暴露了出来，然而，这一片区域却常常受到蒙古游牧民族的入侵，因为蒙古游牧民族拥有着马匹和骆驼以及他们自己驯化的动物，在当时十分强大。

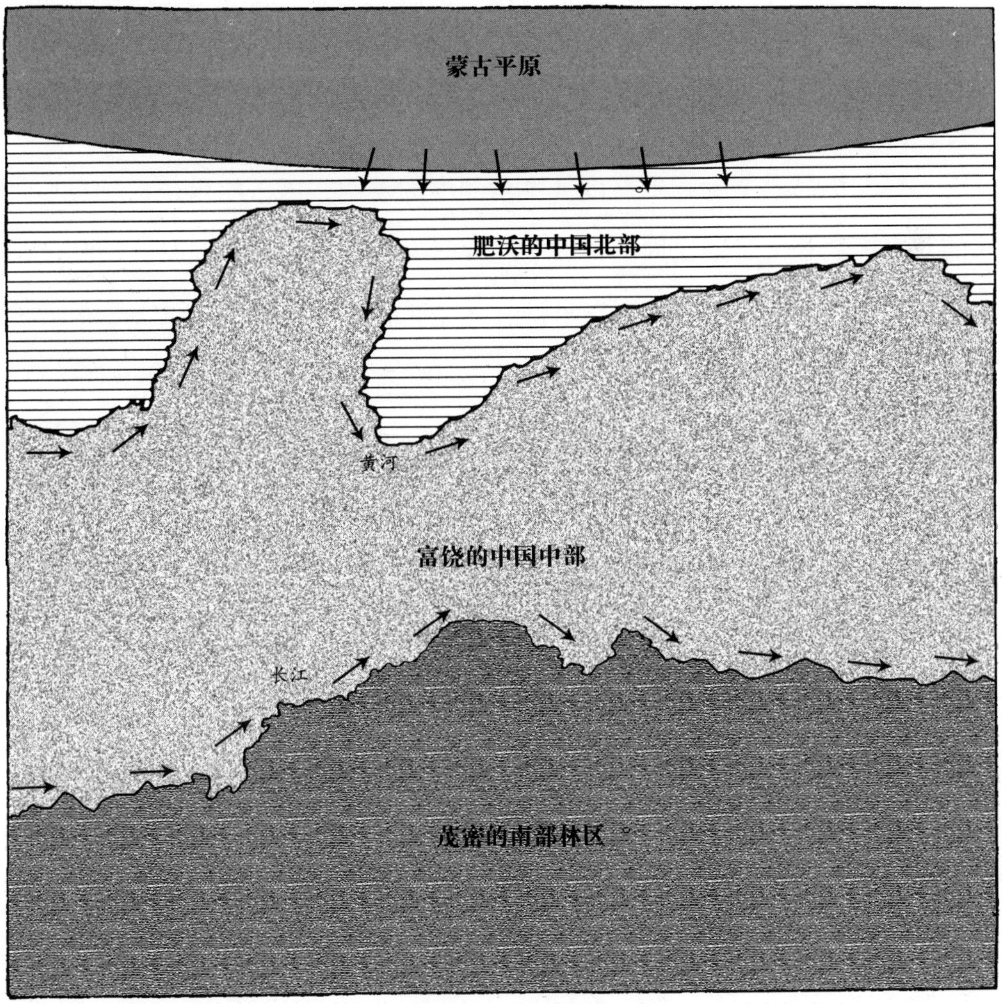

中国远古文化的摇篮

中国历史上的三部分区域如图所示。从蒙古平原吹来的黄土，在中国北部沉积下来，形成了北部肥沃的黄土区；长江流域常年的河流冲积，形成了中国中部富饶的冲基层；中国南部广大的林区现在已经被北方和中部的移民开垦利用。

　　中国本土的历史学家尝试着把当地早期发生的历史事迹编写成一部编年史，大约在公元前十二世纪，他们的首领文王作为西方诸侯之长，带领人们反抗内部的侵入者，然后，在"西方人民"的帮助下，把人民从中国统治者压迫式的管制中解救了出来。商朝，作为一个强大的部落联盟，自诩为"天子"，拥有至高无上的权利，统治着所有的人。但是，这并不是中国文明的开始。这只是人们的政治改革，与此同时，一个国家也渐渐开化。例如，在商朝的艺术品上发现的中国汉字，以及中国作家笔下所描绘的汉字、船、轮式推车、丝织品、复合管乐器以及度量制度的发明，这些的出现都具有划时代的意义，而这一时期比周朝的成立还要早一千多年。与此同时，周朝以都城长安为中心，领土也在向四周扩散，在蒙古边境与混夷人（据说是匈奴人的祖先）之间的战争也是时有发生。

　　周朝一直延续到公元前256年，它的创始者所做的伟业对于后世的影响是深远的。而天子却并不都是有能力的统治者，在边境上，阻止鞑靼人西迁和抗击南部苗族原住民的扩张战争也是时常发生，边境区域和他们的首领对于人民的影响力已经远远超过了远在渭河谷地的君主。那么，到底是什么还在支撑着这个摇摇欲坠的帝国呢？就是广大人民根深蒂固的忠心。而且这种忠心是世代传承的——"我们必须像我们的祖先一样：他们听命于君主，那么我们也必须要忠诚"，另一方面，匈奴人经常性地挑起战争，因为割据势力的发展，在长江谷地兴起的小国，也渐渐与中央相抗衡，面对着大家共同的敌人，也加强了人民的团结。

　　中国早期历史的典型事件都是反复重复的。一个当地的权贵，有时候是来自边境地区并且善于打战，有时候是中央的一个很有能力的官员，他们充分利用人民对中央政权的不满，继而夺取洛阳，如果可能会直取长安，抗击蒙古匈奴的入侵，最后在长江以北重新组建封建政权，并且会尝试着将他的领土逐渐扩展到长江以南。王朝成立以后，经过一段时间间隔，就会渐渐变得腐化，此时新的反叛者、拥护者或革新者就会登上历史舞台，或者有时候只是提出一个抗议而已，比如说孔子反对滥用职权和道德。

对于人口密集的地区，人们的生活仍然继续着。小麦、大米、大麦、其他谷物以及园艺作物都是人们的生存物资，除了洪涝和干旱时期，充足的物资储备足以满足家庭的需要，维持社区的和睦友爱，并且人们遵从孝道，家庭邻里之间都相敬相爱，互相体谅互相关心。只有当鞑靼人入侵时，入侵者会大肆宣扬他们"自私自利"的信条，而此时如果恰逢一个软弱无能的君主，那么中原人的道德观将会受到冲击。在平常的时期，这种道德观能帮助地方政府减少疑难案件，缓解人们的意外不幸，此时中央政府就显得是多余的，而当匈奴犯境或者黄河决堤时，就需要

绵延起伏的长城，中国抵御蒙古人的屏障

为抵抗中国北方游牧民族的威胁，进而修建长城以加强防御工事。长城是秦始皇于公元前247年登基后开始修建，但在当时并没有全部完成，长城的修建经历了几个世纪以后才彻底完工。之所以提出修建长城的需要，大可追溯到远古尚未记录的时期。该图片显示长城穿过北京西北部的南口关后沿着山势蜿蜒。

中央政府发挥它的作用了。

对于这种生存方式，中国人自己觉得平静而知足，他们几乎不破坏中国的地表生态，不会去开采中国的自然资源，煤、铁以及其他矿产，不会去利用中国的陆地水动力，或者尝试着在肥沃的土壤上种植其他作物，而是继续种植传统食物和发展牧业。

关于这一点仅局限于中国北部的区域，黄河盆地以及其支流冲积而成的黄土地和平原，这里适合种植小麦和小米而不适合种植大米，而且这片区域也深受北方和蒙古移民的影响。蒙古高原的南部坐落在地势更为高耸的西藏草原地带，这里的地势也是延伸成类似于蒙古的三角形。从喀什葛尔出发，穿过费尔干纳，继而通向欧亚草原，这条西进通道途经塔什干和撒马尔罕，在越过帕米尔高原到达萨斯河上游谷底时比较艰险。

走出这片干燥的西藏高原，迈向季风雨浇灌的南部和东部区域，游牧民族一直沿纵向山地草原，逐水草放牧，在这一片纵向山谷中，草木茂盛丛林密布。但是在高原区俯瞰长江，它的主流却阻挡了牧民纵向随草地迁移。当

中国历史衰落时期的文物

在周朝，青铜器上已经出现更为完善的技术。请看这个用于祭祀的大酒杯，这个物品，33英寸宽，镶嵌黄金和白银，并且里面还刻有一篇很长的铭文，同时上面的压纹镶边代表神秘怪兽饕餮。

丘陵地带在日后成为人口密集的区域后，那么本地的居民也会相应减少；在富含红土壤的四川，随着湿度的变化，这里的小山丘可以修成梯田，然后再进行灌溉，因而人们必须改变他们的生活方式，转变为耕作者，种植山坡灌木、芳香植物或者其他作物。橘子、大黄以及其他作物，这些产品正是当地后方区域常年以牛奶为食的游牧民族长年不断的需求。最终，在河流下游也经历着同样的开垦，因而山坡灌木、茶树成为这片区域最重要的植物。

当人们的居住范围沿着河流，从牧场逐渐向外向下扩展到沼泽地，当人们既不能找到大米，也无法从丛林原住民那儿获取食物时，一场悄无声息的经济革命就这样到来了，人们通过调节水道，重新分配稻田用水来提高耕种产量。

在更大规模内，冲积层肥沃的土壤上种植有大面积的稻田，丘陵山麓有茶叶种植场，并种植有其他珍贵作物，比如生姜、橘子和柠檬，长江及其分支的下游流域逐渐形成了早期的区域性省份，像湖北省、湖南省以及江西省；位于长江三角洲的江苏省也是这样形成的。在江西省，沉积下的大量的陶土促进了中国的陶瓷文化，瓷器逐渐取代了木制

商朝时期镶铸的青铜器作品

商朝大多数的文物都是青铜器，它们的完成证明中国的文化已渐趋成熟。这个青铜器的上面部分是一个容器，用来蒸煮献祭的草药；底座是空的，并且通过中间的过滤器与上面部分是隔开的，所以当把这个青铜器放在火上时，下面的水蒸气就会慢慢地渗透到上面的草药里。

品，陶瓷文化不仅丰富了中国的茶文化和水稻文化，同时那些精致的陶器也使得"陶瓷"成了一个家喻户晓的词。

中国的历史一直就是"中央王国"抵抗外部侵略的历史。除了不断地击退外敌，中国人确实处于一种令人羡慕的地位，无论遭遇怎么样的侵略，他们都没有被征服，更没有磨灭中国的历史。

3 印度和雅利安入侵者

  中国历史和印度历史的差别主要在于调查方法的差异。中国的本土文化和它的入侵者的文化在大多方面都是独立的。在以后的时期，只有亲缘种族之间才可进行比较，比如现代旅客所描述的云南的原住民和中世纪的鞑靼人。同样的，现代的丛林种族和一些偏僻地区的幸存者，也与远古印度的原住民有一定的相似性。然而，雅利安语系的入侵者有自己的信仰、制度以及生活方式，这些在其他地区都是很好辨识的。虽然他们分布广泛，但是在他们的家族语言中，对于很多自然物和日常使用乐器的用词都是一样的，他们内在的习惯和想法也是相似的。

  根据这些研究成果，对于生活环境相似的祖先，我们就可以重现他们的生活方式，甚至可以通过对比他们在后期衍生语言中不同的词汇，和每个雅利安语系种族的不同经历，以及他们途经不同区域最终迁徙到以衍生语言为主的国家，进而来研究他们的文化或他们的日常用语。通过比较语言的方法，最终被发现的事物远远超过了现存早期文档中所描绘的事物，并且还通过他们一直沿用的文字验证了他们流行的习俗。

  比如说，对于所有的雅利安语系的种族，不管他们是如何起源的，他们都接受了自己的语言，并且他们文化中的大多数元素来源于部落组织民族，还保有草原游牧民族的一些习惯，或许他们曾经也在距海很远的地方占据着一大片草原，这些都是被大家所认可的。他们拥有马、牛、绵羊以及山羊，因而使得他们不仅能从事打猎活动，还能对外发动侵略，同时又能够很好地照顾牛羊。从他们在谷物农业的简单发展过程中所使用的词汇，和某些林木的名字，我们可以推断出他们的分布已经扩展到稀树草原，毗邻他们的草原发祥地，而且他们还利用那些林木资源来盖房子居住，或是建造轮式推车。

充足的林木资源，使得他们能够建造出大型的设备，这些设备不仅成为了家庭的主要运输工具，而且还促使了女红的延续和进一步精致。作为一个马背上的民族，游牧民族的妇女责任更重，以往因为运输工具匮乏，家居用品难以装运，使得她们根本没精力继续从事女红。也正因为这些交通运输工具的便利性，相比于以前的牧民，此时的牧民可以去"拜访"深林中更远的国家，同时还不会扰乱现有部落和家庭亲密和谐的关系。

通过这一研究，我们可以探寻到更为深远的影响。在广袤的草原上，无论任何季节，只要人们想四处游玩，都可以畅行无阻。但是在稀树草原和深林地带，尤其是群山绵延或层峦叠嶂的地区，由于当地地形的限制，这种游历就显得有些困难。起初这些道路是很清晰的，人们根据自己的交通需要，规定并固定下这样的道路，但是，它们还是需要翻修和维护。河流也是，应该修葺渡口，如果还有可用木材，那就可以搭建木桥，方便人们过河，所有的这些设施，其实在很早就已存在。草原上主要的河流不仅可以发展航运，同时也能顺流而下开始一段旅程。

雅利安人的远行可以称得上是一个小奇迹，远行的过程中困难重重，而最终要到达的那个目的地，也只是一个模糊的设想，他们根据自己所掌握的知识和当时的具体情况，深思熟虑后做出正确的决定和选择，这是人们思想进步的标志，同时这也指导着他们在部落的实际行程中，如果遇到新的困难，应该如何去应对。早期的以色列人都经历着这样的"荒野旅居"时刻，而那些雅利安流浪者的迁徙之路也是要越过山川，穿过森林。

从稀树草原的生活和习俗中所涉及的词句，以及有关林木采伐和道路修筑，我们可以看出，早期的雅利安语系的民族不仅是细心的林木工人，还是牧羊人及耕种者。这些装备匮乏的移民，从西藏高原南下到东南亚，更准确地说，是一个马背上的民族远行到一个多沼泽的国度，他们旅途艰险，把小山顶作为地标和圣地，把河道作为他们的自然分界线，并且还很重视高地和绿地森林。

虽然山谷中茂密的丛林里潜伏着各种危机，恐惧感也一直都萦绕在人们心头，但是，远峰、天空、风、云、黎明破晓以及阳光普照，这一切都是那么的和谐友善。然而，火的出现却毁灭了这些美好，常年居住在山林中的人们，将一块木头放在另一个木头上摩擦，这也是技术碰上了运气，这样一直摩擦，火焰就出现了。

这一令人惊叹而又意义深远的创造性行为，俨然已成为一件神秘的事情，同时也是社会凝聚力的一个标志。同一片火焰下的种族会有相同的动物和植物的图腾，作为种族间的约束，同时也是每个种族的标志，图腾能将许多原始群落间人和人的关系区分开，尤其是猎人之间。火的发明使得清洁成了必不可少的事情，水分、油脂、灰尘及泥土对于火的产生也是必不可少的因素。而且对于这些高原部落的种族而言，乳制品、动物食物、简单的木工工作以及其他手工业生产中，这种干净度也是必需的。在雨水冲刷的高地，清洁是很容易做到的，然而在丛林地带，却是件不容易的事情。

　　丛林民族的经历不仅证实了这点，而且对于那些居住在最南端，承袭雅利安传统的人民而言，常年的丛林生活更好地解释了他们越来越暗的肤色。而且，似乎没有理由怀疑这些来自欧亚草原的移民就是他们自己，除了一些典型的金发女郎。无论是出于什么动机，不论是部落的排他性、爱干净的习惯或者是现在所流行的纯粹的彩色条，雅利安文化一直宣扬一种排他性的民族意识，也正是因为这一要素，在那充斥着多样性和不利条件的环境中，雅利安人的风俗习惯还是得以保存并延续下来。

　　部分雅利安语系的部落终究逃不过西迁的命运，我们只关注印度地区的雅利安人，并且会在一定范畴内，将西迁的部落与迁徙至印度的雅利安移民进行比较。在他们越过山林地带时，迁徙到印度的路径必然会比穿过高原森林的路途更为艰难，因而后裔组织会更为紧凑，直到进入这片区域，这里远比其他冒险家所到目的地的环境更为恶劣。

　　关于他们实际的迁徙，现在很难找到相关的物证。林地人们的木制工具和建筑物早已被毁灭，在所有的印度社区，制陶工人的社会地位都很低，这说明了他们的艺术并未被他们的征服者所欣赏，并没被纳入到征服者的文化中。火化的习俗同样也说明了只有当地的居住者才会在死后火化并且墓葬。关于那个独特而又稳定的社会，现在的我们只有透过那些流传下来歌颂过去时代风俗、智慧以及美德的歌曲中，来勾勒出那时人们的生活方式和他们所做的事情。

　　然而，在他们进入山麓丘陵和高地平原的时候，他们便修建自己的政权中心，并且派遣专门的工人用他们本土物件的手工技能进行维护和装饰，这些都能在考古中得到验证，并且这些考古证明已经慢慢地被发现了。印度雅利安人并不都是生活在丛林中，并不都是未开化的。无论是出于商贸还是其他目的，北部的雅利安人似乎与苏美尔文化一直保持着断断续续的交流沟通。在南部德干高原的大部分地区，人们一直从事铁器制造，烧制精美的陶器，并用大石板修建陵墓，这足以说明雅利安文化已经渐渐地渗透到这里，

这些艺术都在雅利安文明的范畴之内。雅利安人的到来，真的掀起了一场文化碰撞，同时也是蕴含着一场灾难，印度的历史就是这种碰撞冲击的延续。

从高原出发的雅利安人，他们迁徙的主要通道很可能途径西部某些区域，例如柏兰、开伯尔、迈莱克然后进入旁遮普，根据早期的文献描述，可以确定他们还经过了喜马拉雅山中段的路线。雅利安民族，先后分为两支，一支定居在印度河上游的五河流域；另外一支定居在发源于喜马拉雅山的恒河流域，这些雅利安语系的民族安家定居的地方即为雅利瓦尔塔。这两个支脉之

印度文化和巴伦比亚文化相联系的证据

莫亨朱达罗和哈拉帕是迄今为止，已经挖掘出的两座印度——苏美尔文化遗址。这个壮观的石灰石雕像就是在莫亨朱达罗出土的，上面装饰有白色石膏和红赭石。

间，随着他们各自领土的扩张，英雄主义的战争时有发生，这在摩诃婆罗多史诗中也有记载。

每片区域内，边境河流的交汇处都享有战略和商业优势，因而也成为当地建立首府的首选。在首府的后面，是一大片玉米地和牛牧场，远处的群山中也蕴藏着丰富的林木资源、矿藏、湖泊以及温泉。穿过亚穆纳河和萨特累季河，由于这片区域气候过于干燥，雅利安人并未在此进行开发定居，而是走出这片区域，又来到了另一个群山环绕的世界，沿着阿拉瓦利和温迪亚山脉，这里居住着肤色黝黑的民族，他们说着不一样的语言，保留着不一样的习惯。继续东行，在雅利安人东扩的过程中，出现了一群经由喜马拉雅山南部通道而闯进来的入侵者，这些来自雅鲁藏布江和恒河谷底的蒙古开拓者，与雅利安人发生了冲突，阻断了雅利安人的扩张。

雅利安人移居印度可能从公元前2500年就已经开始了。但是，这是一个漫长的过程，在梨俱吠陀的颂歌中也有相应的记载，而梨俱吠陀可追溯到约公元前1200年。雅利安民族的领域一直局限在南方，西北方有天然屏障拉杰普塔纳的阻挡，向东又受到恒河上游流域的限制。

关于这个国家的土著人，这里很难有一个清晰的概念。雅利安征服者称他们为"达休"，早期的文献中说他们是肤色暗黑、塌鼻子，不干净的人，"既不献祭，也没有信仰"，这些都是他们与生俱来、世代传承的。但是，在这样的情况下，他们还是用石头堆砌成城堡，并且被他们那强大的、无比富裕而又技艺精湛的国王所统治着。

从外形上来看，他们很容易被认定是广泛分布在现代印度大陆的达罗毗荼人。达罗毗荼人，这一词语在吠陀文献中出现过，在古典梵语中也是很常见的，这就进一步证实了前面的推测。那时候，蛇信仰、恶魔崇拜，其他宗教以及奇异的做法，这些都与雅利安传统和信仰相异，但是在雅利安部落中，并没有排斥这些做法，而是兼容。以前的人口本身就是混杂的，达罗毗荼文化说明了，以前的移民对早期土著人的影响是存在的，比如说尼沙达民族，印度史诗文献中这样描述他们：肤色暗黑、身材矮小，高颧骨、红眼睛以及赤褐色的头发。

古印度人私人住宅中的盥洗室

雅利安人发现印度并不是野蛮之地。西北部的禁区孕育出一种多样性的文化，或许是因为经常与巴伦比亚进行交流沟通；其实印度—苏美尔人十分崇尚追寻物质生活的舒适度。莫亨朱达罗内所有的街道，甚至是所有的房子，都有用细砖砌成的沟渠，用于排水，并且如上图所见，所有的房子里都有私人水井和铺砌的盥洗室。

甚至在后期的梨俱吠陀中，通过雅利安与达休国家之间的条约和联盟，雅利安社会的独有排他性也得到了缓和。因而，异族通婚就这样开始了，但是这也存在着风险，因为征服者毕竟是少数，很有可能会被当地的土著人同化。因而，唯一可行的补救措施就是，在雅利安社会内，把被征服者单独划为额外的下层阶级，并且依据他们的尊严和社会地位，再把他们划分为各个等级，即婆罗门（祭司），刹帝利（兵丁也是统治团体）以及吠舍（农民和手工业者）。而在这些之下的就是首陀罗或奴隶，最终更下层就是游荡在山野之间被驱逐出的尼沙达人。

在中部地区，祭司的婆罗门经过进一步的防范措施，在他们自己和他们的刹帝利统治者之间，实行了更为严格的等级划分。在其他地方，尤其是偏远的殖民地和征服区，中间的等级有逐渐消失的趋势，只剩下婆罗门和首陀罗，然而，在有些地方，尤其是经济区，当地的等级划分把所有的下层阶级细分为很多"等级"，每个等级在部落内都有自己专门的功能，上层阶级严格强制性执行这些等级划分，并且特权层警惕防范低于其等级的下层人民。

4 新生的巴比伦部落

波斯高原的西南边缘是一排平行山脉链，这一片山区的地势高于它们前面的低地，就像喜马拉雅山高于旁遮普平原和恒河谷地一样。在它们的后面，也就是在北面，这些宏伟的山脉延伸到波斯高原和小亚细亚高原，继而被亚拉拉特山周围的山地所阻断，而从波斯高原和小亚细亚高原的北部草原的终端延伸出的一条切实可行的通道，又将这两大高原连接了起来。

这些端点之间，连绵不断的障碍物阻挡了通往草原的路径，除了经由高加索山脉狭窄而又艰难的暗道，亚美尼亚高地是他们的天然屏障。对于这些从北方草原而来的人们，他们费尽千辛万苦想要进入这片山区的南部，但是路途困难重重，因而不得不降低速度，所以，他们从山地内部穿过这两大高原。

另一方面，在山区的前面（南方）延伸着另一片平地，这里的中心区是沙漠，但是在靠近山麓地带则是草地或可耕地，这里就是阿拉伯半岛。

阿拉伯半岛最初的水系都是向东流入低谷，这些低谷都是波斯山脉的底部，并且底格里斯河也流经这里，幼发拉底河也是流经这些地方，这里还有其他的航道流经阿拉伯半岛中部区域，但是现在这里已经干涸了。其他河流都干涸了，为什么幼发拉底河和底格里斯河还在流淌？这是因为亚美尼亚高原大量的雪水源源不断地注入这两条河流中。底格里斯河的水流量比幼发拉底河的大，这是因为东岸高原上的山地融雪和雨水形成的几大支流，都汇入了底格里斯河。

其他东部河流也是向东直接注入波斯湾，以形成辽阔的河流三角洲。为什么底格里斯河会有很长的低谷？这是因为类似的横向三角洲相继连接在一起，并将原来的海湾填补了五百英里，还以每代人约一英里的速度，将现有的海岸线向前推进。当这种淤积过程开始后，幼发拉底河形成了自己的河口，以及海湾西侧的河流三角洲。然而很久以前，底格里斯河也流经这个三角洲，并且在两条河流的35英里处，它们第一次汇合，随后分为几个支流，并均衡水流，巴比伦尼亚就这样诞生了。巴比伦尼亚是一片广阔的冲积平原，横跨100英里，平原上部分为沙漠或是草原，下部分是大面积的沼泽地带，但在一定程度上，灌溉并不成问题，而且还很多产。这里都在进行智能化的耕作，比如，在一年内可种植三种小麦。

沿着水道，枣椰随意地生长着，也无人看管，它的果实给人类和牲畜提供了食物，可称为"花园之中的生命之树"。从邻近的高原顺流蔓延的藤本植物也有一个类似的称谓——"智慧之树"，为何这样称呼它们呢？这个问题也很难回答。但是回望这一片区域，从它形成以后，并没有经过很长时间，这片简单而又适当的区域，就已经具备生存的基本条件，还有源源不断的水源，这样天堂般的地方，很难不引起它们邻国的注意。如果我们能确定冲积率一直都没变，那么开始时期可能会追溯到12000年以前，但是如果冲积率一直在增加，那么这个时间或许会更早。

我们可以从这块区域周围的环境中，推断出到底是什么人能够充分利用这些特殊的自然资源。在东部，山脉的山麓地段即在眼前，而且发源于森林国家的湍急的河流贯穿这些山脉，在这个森林资源丰富的国家，山脉之间的长长的低谷被激流碎石完全堵塞，因而形成了一片绿地山谷，这就是波斯人说的"乐园"。

波斯人的家园就是这样的一群群高地平原，尽管波斯人实际上是雅利安语系的移民，随后进入这片区域中旧名为埃兰的小地方，他们用土石堆为他们的国王建立了一个"苏萨宫殿"，一代又一代的人在此定居。其他与苏萨有着相似经历的遗址也揭示着埃兰文化的广度和优良性。

古埃兰政权整整经过两轮"四季变换"，显然，在第二个周期的繁荣期间，埃兰勘探者开始在这一片三角洲地区长期定居，制作陶器，那些用晒干的砖块建成的乡镇也被改为牛牧场和玉米地以及原生的棕榈园。底格里斯河上游也形成了类似的定居点。

但是所有的这些知识只是一个问题的一个方面而已。就像阿拉伯半岛的山林地带和平原区，也有它们本地的土著人。自旧石器时代的初期，这里就一直被以打猎为生的民族所占领，但是等到第一批定居者，带着他们的制陶技术，在这一片冲积平原居住下来时，早期的居住者就被新来者取代了。新来者清一色的体格纤弱，长脑袋，留着浅黑色波浪形的头发以及稀疏的胡子，但就是这个种族一直统治着从摩洛哥到红海，再从红海到美索不达米亚平原这一大片区域的整个南部大陆，其东部地区的代表就是阿拉伯人。

对于原始阿拉伯人的文化，我们大可从人们对所有人类社会所强加的严格界限中推断出来。像他们所有时期的继承人一样，他们都是牧羊人或游牧人，他们借助自己的武器对邻国发动快速的、有组织的袭击和掠夺，在短暂的征伐之后又显得士气低落、濒临瓦解，这就是这个社会的特征。我们可以看到，在他们的活动范围逐渐拓宽之后，尤其是在他们的沙漠栖息地内，从河流边缘引入河水灌溉的枣椰绿洲，他们能够补充自己的牧区资源，并且会掠夺在沙漠相对边缘定居地之间商品运输中的货物，依据他们的知识进行沙漠草药的采集，很多草药都是有香味的或是有药用价值的，最终，在知道它们的属性之后，人们发现这些草药正是自己所需要的。

早期农业的证据

早期苏美尔工艺中的一个彩绘罐子，可追溯到公元前3500年，这是用来装麦粒的，据此，有些专家把这些麦粒归为一种极好的发育优良的种类，即密穗小麦。如果是这样，就当时的斯佩尔特小麦，苏美尔就领先于印度。

在跨沙漠路线的终端以及三角洲向西延伸的最边缘，逐渐有了一些定居者，比如先迦勒底时期的迦勒底人。

三角洲上的镇民会将粮食、纺织品以及其他剩余物储藏起来，以便骑着骆驼的人们到来时，跟他们交换"沙漠之舟"所带来的货物。这说明东部的山区也有有价值的东西。巴比伦城市成为货运的中心，他们聚集了中间人的财富。

虽然三角洲地区是新近开拓的，但由于被征服国家的人们天性服从，毫不反抗，因而被征服国家基本没引发什么问题。尽管这些奴隶要么是从国外捕获的，要么是在战争中俘虏的，但他们对社会不构成任何威胁，他们只是按照自己的方式工作以求获得解放。一方面人们任由时光流逝，一方面也不过多考虑未来。随着罕见的人与人平等口号的提倡，人们开始呼吁另一种生活方式以纠正现在的罪恶。

对于这个有序、高效又繁荣的部落而言，唯一的困扰就是偶尔发生的洪水、祭司国王的压迫或无能统治、沙漠或山林国家的抢掠，以及随着三角洲地带充分的开发，就边界和水源权利与邻近城市的争端。这些争端有时候会致使一个城市暂时地服从另一个城市，偶然情况下，一个单独的强大的"帕特西（祭司国王）"会统治这一整片区域或这片区域的大部分地区。但是，在通常情况下，神的力量会随着神的仆人的更换而有所不同。

北方的阿卡德地区有别于南部的苏美尔地区，但是大陆性沙漠和新近冲积平原的对比并不太明显，从沙漠通往耕地的通道大多是开放的，因而这里经常遭受阿拉伯民族的袭击。但是，也正是因为，更容易适应这里的气候，游牧侵略者就在此定居下来。这里的历史与印度和中国北部的历史都是相似的。

5 埃及早期文明的发展

尼罗河谷底是非洲地理一个古老的特征，就像巴比伦的三角洲地带一样。在埃及王国建立之前，尼罗河三角洲这一大片区域在政治上是很重要的。

沙漠高原和河谷两岸早期的砾石沉淀区，都在不同的时期内出现过燧石工具，并且旧石器时代石器的风格与亚洲的某些地区、欧洲西部、阿拉伯沙漠以及巴勒斯坦洞穴中所发现的石器风格相符。在现在的尼罗河平原开始形成之前，旧石器时代就已经结束了。但是，随着泥浆慢慢覆盖了谷底，它逐渐开始蚕食更低的梯田，我们可以推测新石器时代的早期文物就被掩埋在这里，而我们却无法获取。

然而，在泥滩之外，仍然有很多人类居住的遗迹。人们的活动就是以游牧为主，到处走动。其中最早可追溯到人们习惯使用金属之前，直到后来收藏成了一种时尚，这些都暗示了人们与旧石器时代费解的梭鲁特文化时期的手工艺有一定的联系。

尽管这一点仍处于争议中，但不管怎样，可以肯定的是前王朝时期特有的艺术和工艺有一个显著的且相当粗俗的前身，鉴于拜达里能更好地展现这一文化，因而弗林德斯皮特里先生称它为拜达里文化。

由于拜达里文化和前王朝文化之间出现了一些危机，使得山谷民族的习俗和行业区别于努比亚和非洲其他地区，并赋予了印度独有的文化，首尾相连的山谷文化都是一致的，并且从挖掘出的早期遗址中可见其文化已经很成熟了。

关于定居地，我们知之甚少，他们或许居住在泥滩上，就像现代的村庄一样；为了节约土地，墓群都在沙漠边缘地带；从墓群的内有物品中，我们可以大致勾勒出前王朝时期人们的生活。

早期的埃及人期待死后的重生，为了离世后的幸福，他们费尽心思精心制订了预防措施，即给尸体提供一切必要的和死者生前想要的东西。后来，这种独创性逐渐扩展到保护尸体本身，他们还必备死者的肖像，以防真正的尸体在开始"以后的日子"之前被损坏。

尽管没有大规模统治存在的证据，也没有拜神的证据，山谷已被划分为多个部落领域，其划分标准以河船为例，都刻有历史时期的地方性船徽；后来在一些坟墓上发现的动物的图案代表了他们信奉的动物。偶然间出现的外来材料制成的物品（比如绿松石），说明了还与别的地方有往来。

居住者体型相似，与阿拉伯半岛、北非以及欧洲地中海大部分地区的人一样，同属于棕色皮肤的种族。在稍晚的时期，有迹象说明当时有一支新的种族来到这里，但是逐渐就被他的邻居们给同化了。

但是，他们在粮食作物的种植中却遇到了难题。这些人种植的大麦和斯佩尔特小麦，并不能在埃及随意生长，然而，这些作物却能在叙利亚北部和阿拉伯山脉边缘地区的少数几个城市中生长良好，据此，我们可以推断出他们的知识就是从这些区域传入埃及的。同样的怀疑还有关于铜的起源和石块艺术的起源。

然而，危机时期使得前王朝文化脱离了埃及人的历史，遗留下的物证令人印象深刻，在现在看来，前王朝文化的历史已经是很全面且相当清晰了。通过对现存早期坟墓中上千个尸体的研究，我们发现在很短时间内出现过一些外族的人（属于亚洲人种），这些人与早期占领山林并且在石器时代后期发展到巴勒斯坦地区的宽体型的人相似。在埃及，这些移民越来越多，到第四王朝时期，已经扩展到山谷地带，之后逐渐容纳于大众之中，明显地改变了平均体型。

因为在第一王朝建立之前，他们几乎没有出现过，一直居住在山谷的下段，因而把他们的出现与随之而来的政治革命联系起来，是合理的。然而，奥西里斯崇拜所表现的特征暗示了它起源的地方是一片草原，有着众多的针叶树还有其他植被，这些都与埃及的环境不同；右手和向西的相同象形符号的使用说明了他们占领山谷时，第一个发现使用者"面朝南方"。

在埃及，就像在印度一样，侵略者一旦到达，就会迅速建立起自己的国家，并且会度过很长一段时间的平静期。尽管如此，在未被征服的南方或在广大普通群众中，强权酋长的出现也使得历史一度停滞。因而，在埃及，有短暂抵制主流文化和统治者的时期，也有被努比亚和苏丹的武士几乎完全征服的时期，虽然他们的统治很短暂，但是征服者部分受到埃及文明的影响，并了解其丰富的资源以及当时统治者的弱点。

在印度，从喜马拉雅山脉另一端——蒙古边缘而来的闯入者，阻断了雅利安人的扩张，并迫使他们更改路线向东行进，因此，这些带有亚洲传统的后继者反复受到以游牧为主的利比亚人的威胁，这些利比亚人生活在三角洲西北边以外的区域，并在埃及建立了自己的政权，时不时地威胁山谷地区。在内部，埃及的社会结构也经历着跟雅利安印度以及中国北方相似的时期。印度最初的艺术、宗教信仰以及集权式管理是充满活力和自由的，并且在第四王朝（金字塔国王）、第十二王朝、第十八王朝以及第二十六王朝时期达到高潮，随后初期的活力和自由就被越来越死板僵硬的传统主义所取代，手工艺者丧失自由，礼拜者未能自制克己，而且政府的效率低下。

个人纯洁对印度雅利安的概念就相当于灵魂和肉体未来的命运对于埃及的概念。答案就是埃及祭司，他们都居住在大教堂中，充当教堂牧师，依靠着每个地方虔诚的捐赠基金过活，逐渐成为社会约束力量，偶尔也挑起政治动乱，通过完全占有和控制，他们宣扬死后生命的起源论，这就跟婆罗门宣扬纯洁而进行完全占有和控制的手段一样危险。

陶器所揭示的早期埃及的生活

前王朝埃及工艺品，花瓶上的装饰为我们了解埃及文化提供了很多信息。船身必须带有部落标记，这一标准证明了在尼罗河地区，航行技术已相当成熟。

就像中国的地方财主，巴比伦尼亚大城市的统治者帕特西以及印度领域的王朝一样，经常发生抵制任何形式的大民族主义以及这种合作能够取得的更大辉煌，在印度，领土贵族就经常批判法老，经常性地背叛他。同时，领土贵族也是寺庙祭司嫉妒的对手，因此王权统治者的传统做法就是让一个利益团体与另一个利益团体相斗，就像中世纪国王挑拨教会和贵族相斗一样。

6 爱琴海群岛文明的起源

在此还要继续研究早期地中海文明的摇篮，准确地说，应该是爱琴海文明。

通过对邻近地区和更远的东方区域文明的研究，透过他们成就的多样性和独创性，我们发现他们的起源和环境有一定的相似性。尤其是他们都起源于大陆，并且都经久不衰，还有源源不断的充足水源供应。

中国沿海和印度洋是开阔的水域，巴比伦河流入波斯湾的浅水区。海洋对这些大路政权的重要性微乎其微，这并不奇怪。

然而，埃及的兴起又是不一样的，三角洲正对着的海洋既不是开阔的海域，也不是像波斯湾一样的内陆水域或淤泥堵塞的死水，但是，一个地区最大的湖泊区对于其周围的陆地也是有一定的影响，比如北美洲的湖区，并且湖泊面积越大，影响越深远。

地中海西部的主要流域被周围的山脉完全包围着；黑海和里海一部分被群山包围，一部分连接着地中海北部；地中海东部完全处于山脉南部之外。地中海东部的两个附属海域（即亚得里亚海和爱琴海）深入到群山之中。在爱琴海域，山地地带的一大片区域都已经坍塌。

海岸线是非常不规则的，海角之间的溺谷经由岛礁链渐渐延伸到深水区。穿过下沉区的中部，分隔色雷斯与克里特岛盆地，这一群山脉链就形成了基克拉迪群岛，而纳克索斯岛就是这个群岛中最大的岛屿，因而也荣获"小克里特岛"的绰号。

在地中海域的中部区域，地中海大陆所特有的构造、气候以及生存条件，准确反映了整个地中海陆地的典型特征。

地中海几乎与大西洋隔离，只局限在自己的小范围内，因而这里几乎没有潮汐。这就大大促进了航海业的发展，而通航河流的稀少反而缓解了潮汐河口缺乏带来的不便。另一方面，由于是普遍的逆时针循环，这就带动着从尼罗河河口出发的船只，沿着叙利亚海岸线，经过塞浦路斯到达小亚细亚和克里特岛的南部海岸。每天交替的海陆风也有助于沿海航行，尤其是夜晚海岸气压高，陆地气温低。所以，来自三角洲的早期的航海员，利用他们的设施，第一个靠近叙利亚海岸，而且叙利亚和吉里吉亚海岸之间的大转弯也是在早期就发现了。到现在为止，没有任何特殊理由可用来假设埃及人在早期或经常到爱琴海，尽管向国外的航行并没有超出这些善于航海的水手的能力范围。

返航设施具有重要意义。在整个夏季，从北方来的一股稳定的风，吹过黑海吹向炎热的撒哈拉。因此，从罗德岛和克里特岛的南端，可以一路顺风航行到尼罗河口，如果一个航行者停留在尼罗河三角以西利比亚海岸的任何地方，那么水流和海岸风会把他很快地送回家。

还有一个深入的问题，如果印度水手按照这样的路线，往返于爱琴海，那么他们会遇见什么人？看见什么样的生活方式？在克里特岛和基克拉迪群岛的早期坟墓中，现在尚存的爱琴海人的遗体为此提供了重要的线索。

在整个山区范围，其特有的人口类型，构成了整个历史时期的大众人口，并且这些人们不断地延伸他们的活动范围，比如说进入意大利半岛，广泛地深入山林地带的东部中心区、西部中心区以及欧洲北部。因而，自然而然可以推断出，他们从一开始就占领了爱琴海的海岸。

但是，事实却并不是这样的。欧非混血人或大家通常称的"地中海人"在青铜时代的早期，就已经发现了克里特岛和基克拉迪群岛的部分岛屿，并且还在这些岛屿上建立了政权。

当我们首次探寻这些居住地时，这些居住地已经陈旧了，依稀可见并排而立的地中海人和阿尔卑斯山区的人，还有这两种人的混血人，这些混血人保留着他们的特征。

因此，为了解释地中海人在爱琴海区出现的原因，我们必须假定，当时的航海技术很早就出现了并且已发展得相当成熟。在早期爱琴海文化中，依稀可见克里特岛文化，也可见到基克拉迪群岛文化，这些特征进一步验证了这一推断结果。

在克诺索斯，那些青铜器时代遗留下的宫殿，在它们古老的地基下面，发现了新石器时代的定居点，它们的深度大约超过20英尺，向人们阐述了那一段长期缓慢发展的文化。石器与小亚细亚和希腊半岛所发现的石器相似，但是陶器属于地中海沿海广为流传的一类，从叙利亚海岸到西西里岛、马耳他以及撒丁岛，其装饰品更表现出对编织品的同等依赖，这是整个北非装饰物传统流派的一个特征。贝壳饰物就证明了当时与那片海域的人们也有交流。

没经过太久，铜和青铜的使用就传入了爱琴海居住地，随即，历史就快速发展起来。克里特岛和基克拉迪群岛并不像塞浦路斯或北叙利亚一样，拥有很多金属矿石，因而第一批爱琴海类型的铜器实际上是借来的。在基克拉迪群岛，这些石器也在欧洲东部中心区广泛流传。另一方面，克里特岛主要受到北非的影响，但是基克拉迪群岛对克里特岛文化暂时性强大的影响表明，这里的灵感之源，不同于更大岛屿所拥有的。

理所当然，克里特岛的居住者最终掌握了这个岛屿多方面的资源，因而他们逐渐地繁荣起来，同时对外界的影响也与日俱增，与他们的邻居基克拉迪群岛相比，克里特岛有着长期性的压倒性优势。但在早期，各个居住群体基本上都是单独发展的，基克拉迪群岛由于地理位置优越，有利于它探索希腊大陆的

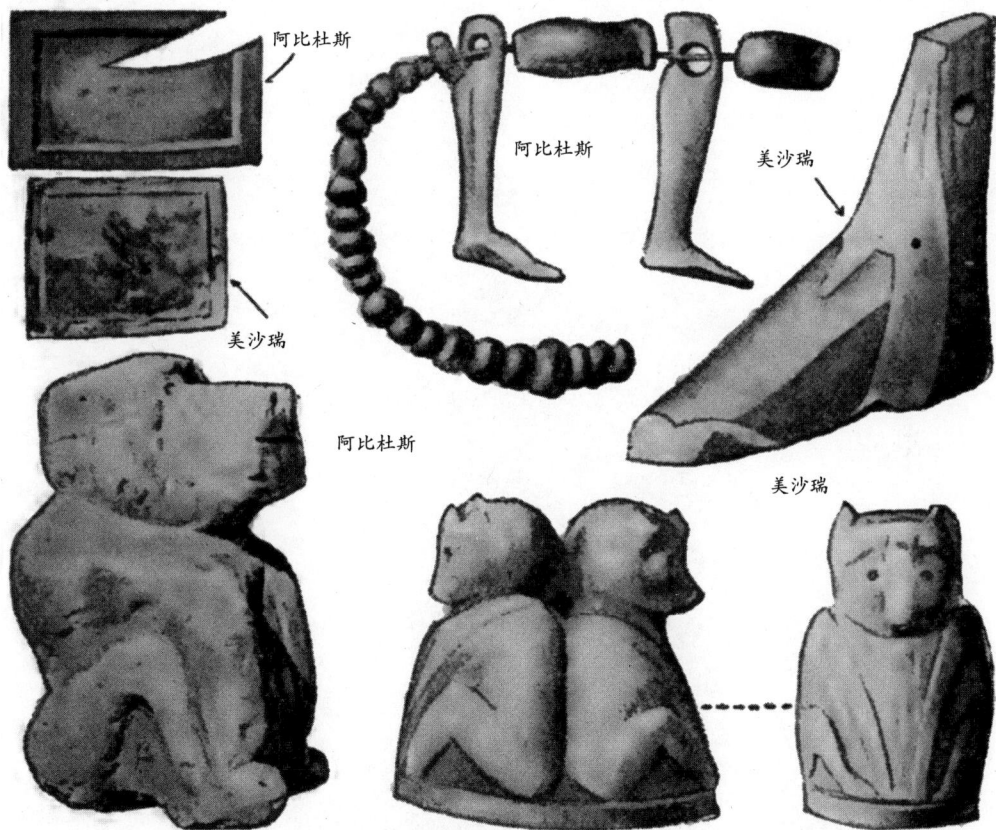

克里特小饰物和埃及相似物

证明埃及对克里特岛影响的突出性例子就是华丽的小物件、护身符等诸如此类的东西，由此我们可以猜测埃及的主要进口物品。将这些从美沙瑞墓葬（克里特岛）中发现的腿型护身符和猴子，与从阿比杜斯（上埃及）发现的原型相对比。

毗邻区域，交流彼此的经验和技术，或许还能学习"彩陶"文化，这种文化在当时是一种古老的文化，似乎是来自喀尔巴阡山东部开放性国家。

在基克拉迪群岛，我们仍然能清楚地发现，来源于亚洲大陆的要素与南部石器文化幸存物的相互作用。我们也必须考虑岛屿的自然资源，尤其是黑曜石、大理石以及其他优良的矿物。

如此，文化就形成了。对于多样化的克里特岛人，阿瑟埃文斯先生称他们为"迈诺斯人"，借用传说中的海神"迈诺斯"（爱琴海首位"海浪的统治者"的称呼）。

7 早期文明的特点

本篇尚未介绍的就是美洲新大陆的两大主要文明，即中美洲，尤其是墨西哥；安第斯高原的印加帝国。尽管如此大的反差是因为人类未能驯服美洲野牛，在没有马和其他驮畜而只有美洲驼时，从北美洲东南部地区而来的托尔特克征服者和阿芝特克征服者，决心离开干旱、毫无特色而且气候变幻无常的地方，踏入墨西哥湿润肥沃的绿洲区，而地峡深林区中的可耕种空地极大地推动了新大陆文明的发展。因此，印加帝国从高低平原逐渐扩展到森林和低地。但将我们的一般性结论暂时用于解释新大陆的复杂现象还为时尚早。

通过对不同文化发祥地环境的简短调查，我们可以对比它们形成的一些基本元素，并且可以总结出他们文化形成过程中的相似之处。

在经济方面，四个河谷文明都有一个共同的特征。在它们的成熟时期，四个文明中的三个从一开始就依赖于创建者对其自然环境中的单个物理因素的统治。

这就是源源不断的水源常年补给河流，而且在植被生长期，水流的径流量达到最大，为植被提供灌溉水，因而植被生机勃勃，如果河水干涸了，或许就是另一番景象了。

现在野蛮和文明有着本质的区别，在前一个阶段，人们是为了生存而生存，在后一个阶段，人们已经知道了该怎么去生存。在一般情况下，当人们开始了解自然，不再受自然条件所限制时，文化的确可以说成是人类的状态，这并不是说摆脱自然后完全的自由，而是人与自然之间更为广泛、多方面且更为亲密的互动交流。

人类统治大陆主要历经三个主要阶段，即生存、依靠农产品为生以及愉悦自己。在第一个阶段，受制于大自然天然播种的产量，人们在发现土地之后还是会将它丢弃；在第二个阶段，他们学会通过挖掘和耕种来改变土壤的产量，为了达到他们自己的目的，他们更喜欢选择野生植物并保留剩余的"种子"，或用他们自己培育的特殊作物来代替。

只有在第三阶段，人们才开始探寻地下和地表资源，挖掘矿产资源，不是为了生活，而是用于统治。他们武装自己以自我防御并抵抗侵略，更多的时候是防御自然危险和困难而不是防卫他们的同伴；通过拥有更长的手臂、更敏捷的双脚、更灵活的手指以及与同伴合作时更隐蔽的信号，而不是依靠自己的单枪匹马来增强自己的力量。

人类试图控制水的过程也经历了三个主要阶段。在第一个阶段，水是用来生产的；在第二个阶段，水是用来运输的；在第三个阶段，虽然还没有完全实现，但是水是用来提供动力的。河畔文化起源于第一个阶段，经由人工渠道，而再次分配自然流动的水资源，以达到灌溉土地的目的，虽然这也并没有完全的实现。

在可灌区的大部分地区，终年的水源供给，使得这里除了实际耕种人口外，还有很多剩余的人口。这些人在物质生活得以满足之后，慢慢学会了享受生活的便利性，并欣赏其他手工业者所制造的精美工艺品。在人们空闲的时候，还出现了精神愉悦文化，比如：诗歌、音乐以及冥想的成果。社会逐渐吸收了这些文明的元素，如果失去这些精神文明，那么这个社会就会面临灭亡的危险。

第一，这些区域的首领会组织人们生产用于交换的剩余产品，然后将这些剩余产品与其他区域的剩余产品相交换，用粮食和手工制品换取奢侈品或偶尔使用的物品（比如麻醉药和宝石）。第二，组织人们抵抗外敌入侵，抵抗内部的抢夺掠夺以及无处不在的奸商；进一步完善司法体系，并将人们的日常行为纳入成文的法律予以规范，而且违反后还要处以一定的罚款。第三，就所有的情况而言，从一开始就有一种有序的途径来交流所积累的各种经验、有用的知识以及口传技艺，事件累计的记录使得人们能及时地理顺它们的顺序；日历的发明是天文观测的重大进步。第四，有序的农业和商业需要通过长度、面积以及容量等度量制度来准确地分配土地、原料及商品；劳动就通过时间来计量；产品，就计重；这些物品的相对价值，就通过报酬和利润来计算。

这些伟大的发现，一经制定就得到政府管理部门的认可并沿用了下来。现在所有河流文化的政府从根本上而言都是神权政治，也就是说，对于实际的人类统治者，无论他是怎样建立起自己的政权，他们都对外宣称是神的授权，而所谓的神通常也只是自然中强大的力量或事实。

对于这种政教合一的制度，我们较为熟悉的就是摩西律法中的十诫。一方面，个人有信仰神的义务；另一方面他们对于邻居的义务却显得很消沉，而唯一的"应允戒条"却是对整个社会的一种约束。

政治和社会责任的负面特征导致最初对知识的恐惧与约束条件分开了，这是简单社会的一个特征。当经验和原理结合证明传统禁忌或我们说的"不能做的"事情，在我们做了之后，并没有出现什么灾难，那么人们可能就会由此开始放纵自己的言行，倘若他们知道利用知识，并且是在知识的基础上而形成自我约束，或许又是另一番情况。

然而，这种对于个人理性选择的要求却来得很晚，在政教文化的发展中，人们无路可退的时候，会经常性对一些乱七八糟的禁令提出反抗。对于在政教文化中成长的人类，他们的上帝就是"精心守护的神"，是智慧和权利的掌管者和守护者。正如上帝在地球上的代表所声称的一样，跟他们反复无常的统治者一样，"他的路是有迹可循的"，然而他的正义都是在宽容中得到缓和，如果你知道该如何做或许你可以更改他。

在这样的政府下，人类的主观能动性和人类的理性处于从属地位，他们被小心谨慎地使用着，以免在无意中触犯了主管人类命运和自然的神权政府的领域。在大家对法院还不了解时，那时候只有希腊人认为法律是"神的礼物"，是"智者的选择"，是无可非议的。希腊人认为在他们的领域内缺少这样的智者，就像中国的孔子，尼泊尔的佛祖以及苏美尔和阿卡德的汉谟拉比。

在这些肤浅且相似的事实背后，每个伟大的古代文明的稳定发展，以及它未能超越特定程度、组织福利失败的根本原因是相同的，比如存在这样一个事实，即每一种文明都依赖于一群有超强适应性的人们。这群人有着相同的祖先，并且能适应一个更加古老的家园。必要的时候他们会换到一个新的地区，如果他们想要延续自己的种族，那么就必须适应新的环境。

适应性尝试基本都很成功，有时候人们会刻意丢弃传统的生活方式、发明新设备学习新习惯和信仰。但是这也导致在新的环境中，以前的行为会延续下来，并且部落或国家信念也是不变的，直到新环境与旧观念达成暂时性的一致。有时一些特殊而又严格的界定比如水稻种植者的日常事务，一点点的偏差就会直接导致一场灾难（没有收成）。在这方面，伴随着人们的努力和源自生活的灵感，伟大文明的崛起不再是一种"古老的历史"，而是从点滴生活中慢慢延伸出来的。

第二章
极具天赋的
希腊艺术

珀西加德纳教授 【编】

珀西加德纳教授：文学博士，法学博士，不列颠学会会员，牛津大学古典考古学荣誉教授，《希腊艺术的起源》、《希腊艺术的新篇章》等书的作者。

1 希腊艺术的起源

早在公元前九世纪，希腊这一美丽的国度就兴起了希腊人的文化，并在公元前八世纪先后传到意大利和小亚细亚以及整个爱琴海地区，逐渐形成了一种具有相同特点且高度发达的文明，本节将详细讲述这一文明。这里主要有两大人种，即生活在小亚细亚、色雷斯、阿提卡以及埃维厄岛的爱奥尼亚人，和大部分分布在伯罗奔尼撒半岛、阿哥斯、西锡安、斯巴达等地区的多利安人。这两类人的性格有很大的差异性，爱奥尼亚人喜爱享乐且具有艺术细胞，但极度追求享受和安逸；多利安人则倾向于有组织、有纪律的生活。伟大的希腊文明传遍地中海周边所有的国家，并且为西方世界的科学、哲学以及艺术奠定了基础，而爱奥尼亚人和多利安人对这一文明的形成发展做出了不小的贡献。

先来简要介绍下希腊艺术的起源。一些考古学家认为，米诺斯时代的艺术在一定程度上贯穿希腊混战的乱世时期，甚至认为早期的希腊艺术就是它的复兴。对于这种观点，目前尚无证据可用来证明其正确性，也没有可以追溯的东西来说明米诺斯文明确实有影响到希腊的历史。但是如果原始人口并未全部灭绝而是融入到新的环境延续下来，那么史前人的遗留物种所展现的艺术倾向也会得以延续，继续深入研究，或许会出现新的机遇继而真相大白。

其他学派的考古学家则掌握大量的证据来举例证明，他们坚持认为，米诺斯艺术在希腊人入侵时，就已经终止，并且所有的艺术活动都已经消失了好几个世纪，在米诺斯艺术结束后，艺术又有了一个新的开端。东方人、埃及人、巴比伦人以及腓尼基人在当时算是有文化的人，他们流传入希腊的作品是希腊文明兴起的永恒推动力。

无论希腊艺术活动的根源在何处，无论希腊艺术从何处获得他们早期的艺术模型，可以肯定的是，从公元六世纪起，他们渐渐有了自己的独创性和民族性风格。自从他们从其他种族那儿获取了字母表，并用来表达自己的观点，他们很快就将一种全新且醒目的民族意义注入到他们所采用的原始艺术形式中。

② 希腊神庙及其建筑艺术

在希腊艺术的发展中，有两个特别显著的特征，其一是神庙的兴起，并逐渐成为宗教艺术的中心，还有就是运动雕塑的兴盛，这都是人文精神所带来的最具特色的结果。由于多利安人的流派迅速兴起，尤其是在阿哥斯、西锡安以及埃伊那岛，我们可以把运动雕塑主要看作是多利安人的作品。因为早期伟大的神庙主要出现在米利都和爱奥尼海岸其他城市中，我们可以把神庙建筑主要看作是爱奥尼亚人的作品。绘画艺术也出现在早期时代，并且风行于爱奥尼亚。在公元前五世纪，神庙建筑、运动雕塑、壁画以及精美的瓶画艺术的发展都达到了顶峰。雅典就是这些艺术的一个典型代表，并在当时处于领先地位，尽管阿哥斯运动艺术可以与之相媲美，西锡安在绘画方面更为杰出，而锡拉库扎更擅长于硬币艺术和宝石雕刻。

在公元前六世纪，爱奥尼亚希腊人（居住于小亚细亚海岸）的艺术发展达到了辉煌。萨摩斯岛、米利都以及以弗所出现了大量的神庙建筑。例如以弗所的阿耳忒弥斯神庙，占地面积342×163英尺，它被一百根圆柱所包围，每根圆柱约55英尺高。萨摩斯岛、米利都以及其他城市中的神庙也是同样的规模。在同时期，特尔斐城、雅典以及希腊的其他地方，外加意大利南部的大希腊地区，都出现了规模更小、风格更为简约的神庙。

多利安式　　　　　爱奥尼亚式　　　　　科林斯式
（忒修斯神庙）　　（厄瑞克修姆庙）　　（李西克拉特纪念碑）

三种风格的圆柱

这三个"顺序"的希腊神庙建筑都是以其独特的台柱和柱顶而文明。多利安式风格简单、规模宏伟；爱奥尼亚式华美而精巧；在华美而堕落的科林斯式俘获罗马人的审美之前，前两个"顺序"的风格都是交替性使用。

关于希腊神庙的起源，我们不知从何说起。从神庙的兴起到衰退，它代表了希腊人的理念，它们的修建都是依据一个原则——中心点，即整个神庙的核心，也就是"内殿"，这是神或神的授权人的住所，里面放置着他们的雕像。神庙中的其他部分就是从属部分。

神庙的平面设计图大都是类似的，在此特以帕特农神殿的设计图为例来予以详细说明。这里的核心就是圣地（内殿），长约100英尺，它内部奉祀雅典娜女神像，这是菲迪亚斯的杰出作品，一个站立的雕像，左手托着胜利女神像，右手扶着矛和盾。这个雕像是雅典宗教的中心，它是这个城市神的统治者的有形化身。神像后面是个房间，即帕特农神殿，里面都是女神的金银珠宝；两个门廊，一前一后，并且允许靠近。这个整体被一系列的圆柱所包围，同时这些圆柱还支撑着建筑的顶部。在这里面，还有一排人行道环绕着

来自帕特农神殿三角楣饰的宏伟的碎块

帕特农神殿东边的碎块展示的是雅典娜从宙斯的头部生出来，但中间的雕像缺失。从右侧看，这个可爱的组合通常被称为三种命运；但不管怎样，很显然他们只会听到愉悦的消息。

内殿。

希腊神庙的威严性正好与其简约的风格相匹配，建筑中的每一个部分都有其特定的目的。规模宏大且密集的圆柱承载着顶部的全部重量；墙体的功能并不是支撑而是将房间一一隔开；底座是坚固的石头，搁置在原生石上，抵挡时间的流逝。

希腊建筑的基调可以说就是台柱，在这三种风格中都有体现。多利安式柱结实而宏伟，没有底座，但在顶部和楣梁之间有一个过渡性波浪花边。爱奥尼亚式柱则更加修长，它有一个底座并且在顶部有螺旋饰。与爱奥尼亚式柱相比，科林斯式柱的形式更加多样化，用叶形装饰取代了之前顶部的螺旋饰。 一般来说，所有的台柱都是在垂直方向开槽，以便使人们的视线不自觉都往上直接看到顶部。这三种风格就像音乐中的格律一样，主宰着整篇乐章，并且建筑物的主要原则也很简单，因此在找到建筑物的碎块之后，可根据神庙的图纸而进行重建。建筑物中每部分的精确比例尚存很多变数，因而这不是单纯的数学专家就能够独自处理的。

建筑物上所有的部分，有些是用来承重的，有些是要添加工艺的，圆柱、檐口以及墙体这些是留下的未加雕饰的部分以彰显简单的庄严性，但是前面和后面的三角墙空间、顶部下面的柱间壁是多利安式神庙特有的风格，这是独创的开

富有生机的雕像

为这些雕刻品注入额外的活力，希腊的雕刻家赋予了他们真正的戏剧性意义。在这次重建位于爱伊娜岛上的阿菲娅神庙西部的三角墙的时候，涂绘的布置被认为是与原来雕像一样。

放空间，雕刻以高浮雕或是立体人像。

对于希腊雕塑中剩下的大量工作，我们可归结为是神庙的装饰。通常情况下，这样的工作并不是伟大的雕刻家亲自做，而是他们的下属或助理所为，他们仅作为华丽雕塑的附属物，有时象牙和黄金也只用来装饰神庙的内部。然而，对我们而言，这些不太重要的雕刻作品极具价值，我们认为，装饰帕特农神殿的人物壁画是雕塑艺术的最高成就。

这些雕刻作品的设计和执行是极具特色的，装饰物品有时候是根据他们所要装饰的"神"的神殿而选择的，大多时候，他们只是依据希腊众神在民间的一般性威望而进行选择。就帕特农神殿而言，我们可能会冒险追溯那些蛛丝马迹，继而重现那一段历史。我们应该记得填充在三角形墙体上、圆柱上以及顶部下的碎块；圆柱上和屋檐下柱间壁与三竖线花纹装饰相交杂；檐壁沿着内殿墙壁的顶部，并在柱线以内。在东部的三角楣饰上，随着雅典娜的诞生，故事就这样开始了，她的诞生代表了神创造雅典的旨意。根据古老的野蛮传说（类似于弥尔顿的"失乐园"），自从雅典娜从父神宙斯的头部出生后，她便迅速地武装起来，并且立刻在众神之中占有一席之地。

在那些碎块中，这仅仅只是个暗示，雅典娜全副武装出现在奥林匹斯山众神集会中，引来众神惊奇的目光。在西边的碎石中，雅典娜创造了橄榄树，在众神的礼物中，唯有橄榄树得到了希腊人高度的赞赏，他们用橄榄油烹饪、照明以及人体文化，因而她拥有了雅典这座城市。波塞顿，也宣称要获取这座城市，但在竞争中失败离去，雅典娜也因其智慧、技艺以及武器而闻名。

在这一系列的柱间壁中，我们可以大致描述出文明的发展过程，而雅典娜在这个过程中扮演了十分重要的角色。最终，在楣梁间，我们回到了那个时代，看到了正在进行与雅典娜女神节有关的宗教游行，雅典殖民地的人们赶着牛羊群以献给雅典。得胜的运动员护送着行进的队伍，这些人都是在帕特农神殿前面获得了代表胜利的花环。走过神殿的主门（此门面朝东），楣梁上描绘着奥林匹斯山的众神，他们端坐着迎接朝奉的队伍以及进献的食物。所有雕刻的作品都能到不列颠博物馆中去研究。

一个别样风格的神庙，它所展现爱奥尼亚式风格，这个神庙是埃伊那岛人在波斯战争期间，为了纪念他们的女神阿菲娅而建立的。这个神庙已经全部挖掘出土，装饰在其三角楣饰或三角墙上的人物像现保存于慕尼黑，他们代表了著名的英雄埃伊那岛人发起的对抗特洛伊的战争。打仗的人比真人的

破旧的建筑难掩其无与伦比的美感

这个宏伟的神庙，坐落在埃伊那岛的制高点，兴建于公元前500年，是人们为当地女神阿菲娅特意建造的，并且这也是一个非常有趣的多利安式建筑。神庙的位置以及它所屹立的由粗糙的石块堆砌而成的平台，这一构造进一步衬托出了神庙的威严庄重。从对称美方面来说，神庙的内部超越了神庙的外部设计，圣地或内殿是高贵的地方，却被圆柱分割为三个侧廊。

体型小很多，而且还是赤身裸体，但都带着头盔，拿着矛与盾。如此精密的模型、认真的态度以及充沛的精力，他们可真是非常了不起的。

神庙里面都是还愿物，各个时期所进献的各种华丽的献品，法律条约的副本以及捐助者的雕像。公理教会的礼拜并不知道是什么时候，但是每逢重大节日和纪念日，人们都会聚集在圣地，祈祷、散发礼物或许愿，游行、唱赞美歌等，这都是在神庙周围区域进行的，而不是在神庙里面。动物献祭也是常有的，但显然是在建筑物外面神圣的祭坛上进行的。

就最近几年所挖掘出的神圣的宗教遗址而论，我们可以看到神庙的财物价值和希腊丰富多彩的宗教艺术。我们将以特尔斐城为例。这个地方，因其是阿波罗的居住地、阿波罗神龛的所在地以及其神圣的宗教节日而闻名于古代。之后，法国勘探者将它挖掘出，并因此而获利颇丰。

3 希腊雕刻与绘画艺术

经过了很多个世纪的破坏，自然只有建筑物的地基得以幸存，但是在掩埋的废墟中，我们还是发现了一些美丽的雕像、阿波罗神庙内雕刻的装饰品、藏宝室以及历经百年的青铜制和赤土陶器所制的小物件。

然而，我们这里所提及的希腊雕塑艺术，不仅仅只涉及宗教和神话方面，也有关人性美。人类身体是个十分理想化的事物，这是希腊人所特有的思想，因而他们认为应该在艺术中体现出对于人类之美的感知与欣赏。

希腊艺术和运动息息相关。事实上，在很大程度上，希腊艺术来源于运动实践，运动实践又促进了希腊雕刻艺术的兴盛。自这一宏大的运动会在奥林匹亚（宙斯的辖地）、特尔斐城（阿波罗的辖地）以及地峡（波塞顿的管辖区）举办后，希腊民族性和宗教的最高标志就是举办体育运动会。

这些宏大的集会对于希腊民族和希腊文明发展的促进作用是无可比拟的，这些节庆日的一大特色就是体育比赛，在比赛的三十天中，来自不同地方的运动员将在所有的体育项目中角逐胜负，这些项目包括跑步、跳跃、拳击、摔跤、掷铁饼、投枪、赛跑（分裸身和全副武装两种）以及火炬接力赛跑。

非常漂亮的彩绘雅典花瓶被称为"红色图案"，因为图案是描绘在红黏土（用于制作花瓶）上，而背景色涂的是黑色颜料。它们是希腊艺术鼎盛时期（公元前520—公元前440）的产物，而且还是表现绘画的精美性和准确性的精彩实例。这里也有一些大型的容器、双耳细颈瓶或双柄茶壶，在这些物品中，图案都是在红色底色上以黑色剪影的形式绘制的。后面的这些物件将作为希腊泛雅典娜节的奖品。

这些类型的花瓶都能在我们大型博物馆中找到实例，他们向我们展示了在运动场、洗澡和涂油，或在赛跑、拳击以及其他运动项目中互相竞技的雅典青年。人类对身体之美的感知和欣赏最开始只关注年轻男性，随后逐渐扩大欣赏到女性魅力，或服饰，或动物。

最早的雕像表现的是年轻人，赤身裸体，拥有着有力量的肌肉并保持着直立的姿势。渐渐的，他们更加的有魅力，变得更加栩栩如生。肌肉力量之美逐渐取代了单一的固态化，灵活富有弹性的姿势逐渐取代了僵硬化姿势。人物外形也变得更加丰满优雅。最后，我们会谈到这个伟大的时代所孕育的宏伟的运动艺术。

如果我们试图找寻激发这一系列运动雕塑问世的内在推动力，那么答案是显而易见的。无论是在什么地方，甚至是文艺复兴时期的意大利，论及对于人类身体之美的欣

竞技艺术

希腊雕刻家十分热衷于塑造在体育馆和运动场中，赤身裸体的运动员的肌肉力量和精力充沛的状态。以上青铜制的摔跤选手就是一个著名的例子。

赏，希腊人尤其热衷，这一想法根植于希腊人的思想中，并且他们非常渴望用自己的方式将这种美记录下来，以使之得到永恒。

然而，如果没有运动体育的习惯，那么人们一时兴起的想法也会找不到表现形式。雕刻家以及他们的后继者并不需要选定一个模特，然后让他摆出一个造型，他必须在日常生活中，用心去观察年轻公民的沐浴和运动，并且要彻底熟悉他们身体的每一次行动和应变。关于他对美的看法，雕刻家将会一直从人们的活力和优雅中获取灵感。因此，雕刻艺术以及绘画都是根植于竞技体育。

显然，就此事而言，现代精神和希腊精神是完全不同的。当我们说起自然之美，我们不自觉就会想起生物界的美丽场景，比如深林、群山以及天空。当我们说及生物之美，脑海中首先浮现的就是精美的外形、花儿或昆虫的颜色，或自然界中的野生动物。而想到人体之美，就只会想起脸、手而不是整个人体之美。在希腊人的想法中，所有的这些都被推翻了。他们所认为的人体之美还包括头，但是并没有仅局限于此。当我们看到一个全裸的人

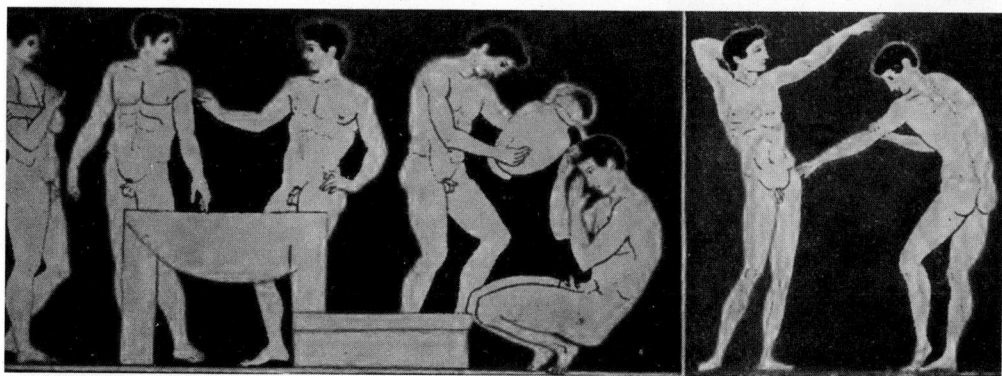

体育场幕后场景

为了追寻一件能使他们的才华发挥得淋漓尽致的作品，希腊的艺术家经常光顾体育场，在这里他们可以很好地研究男性的身体。这个瓶饰画展现了一群聚集在体育馆公共洗脸盆旁的少年，他们正在享受着即兴沐浴之乐。最右边的两个人正在细心地进行自我按摩。

时，头部，正如所观察到的，也只是作为人体的一个很小的部分。自然中的美，无论是没有生命的还是有生命的，在希腊人看来都只是人文精神的大背景而已。

因此，我们可以追溯发生在公元前五世纪的一场艺术演变，这一演变在运动员以及年轻天神（比如阿波罗和赫尔墨斯）的雕像中表现得最为明显。我们可以看到，数十年中，轮廓和姿势的美感不断提高。从最开始僵硬的姿势，站直双腿，直视着观众，到波利克里托斯和菲迪亚斯所创作的雕像，这时候雕像身体的重量仅落在一条腿上，他们的脸部稍微转向一边，早期严肃的外形被匀称美所代替，并且在表现美感的时候，并不失男性的气概和尊严。

在稍后的公元前四世纪，我们可以看到立体的人像变得更加苗条，雕像中的姿势渐渐出现了悠闲和休息，正如蒲拉克西蒂利的作品萨梯和赫尔墨斯一样。在公元前三世纪，解剖学的研究对雕塑艺术也有一定的影响，艺术家不仅要了解人体形态，还要知晓皮肤下肌肉的具体形态，以及肌肉的拉张力是怎样影响到外在形态的。

雕刻家逐渐地能够以一种真实而高贵的方式，再现人类的身体，早期艺术中僵硬死板的姿势逐渐被更加优美且多样化的姿势所取代。头部是人体中最后一个被成功研究的身体部分，而头部中的嘴巴、眼睛以及头发的表现使用了大量源

布料的使用

在他们的雕塑作品中，雅典人很擅长利用布料来营造一种富丽堂皇的效果。这个古老的形象安特洛尔（公元前六世纪）流露出一种神圣的庄严，这主要归功于她那精美的法衣。

自公元前五世纪末期的古老习俗。

女性身体之美的发现稍晚于男性。毫无疑问，这样的结果主要归因于国家的风俗习惯。女性或多或少都有被隔离，并且没有一个正派的女人会使用公共浴池。因此，在描述一位女性时，无论是女神或是人，相比于裸体和抹油，衣物成了必不可少的物件，这也为雕刻家开辟了另一个领域——完美的人体与精心准备的布料相结合。

帕特农神庙檐壁中所掩饰的庄严

在公元前四世纪以前，希腊人认为描绘裸体女性是件很猥琐的事情。但是，当他们雕刻或描绘一个运动员的身体躯干时，我们可以清楚地看到，他们在处理布料时，自己就是他们艺术品的主人。长褶痕的处理方式和雕像所隐藏的意义为雕刻家提供了一个绝妙的机会来展示他们的才华。人体线条和衣服的完美融合逐渐演变为研究披着衣服的女性，如此端庄之美可在帕特农神庙的檐壁上欣赏。

希腊手工艺者的手工品

少有现存的希腊青铜制品。此图是战车的驾驭者，发现于特尔斐城。

在希腊卫城挖掘出了许多公元前六世纪女性的许愿雕像，这些女性雕像上华丽和简约服饰的完美结合，人们无不为之惊叹。在帕特农神庙三角楣饰和檐壁上刻有很多女性，如何将布料和布料掩盖下的身体融为一个绝妙的整体，对于雕刻家而言，这只是一个常识性问题。在公元前四世纪，普莱克西泰勒斯打破了陈旧的传统，几乎是第一次将女性曼妙的裸体作为一件单纯欣赏和仰慕的作品展示出来。他的作品克尼杜斯的阿佛洛狄忒，掀起了一股崇拜美的浪潮，并立刻风靡整个希腊，改变了当时的一般性审美。随后出现了很多裸体美女，有的是高贵典雅型，比如米洛斯的阿佛洛狄忒，有些就只是关于肉欲，比如梅迪奇的阿佛洛狄忒。

自然主义和理想主义的应用以及它们的相互作用直接导致

后希腊风格的完美男性

波利克里托斯，阿尔戈斯流派（公元前五世纪），代表作是一个完美的男性青铜制雕像，称为"持矛者"。

希腊雕像宏伟的幸存物

普莱克西泰勒斯于公元前四世纪的原作。这是在帕罗斯大理石上雕刻的，图片展示的是赫尔墨斯抱着婴儿狄俄尼索斯。

了希腊艺术的演变。通过个人，艺术家都试图努力形成一种风格，即创新理念，鉴于所有的可见形式都是有缺点的，只是暂行性反映这种创新理念。

在肖像画中，个人和风格的冲突尤为明显。在埃及伟大的艺术作品中，只热衷个人而忽视风格，因而使得在国王和神灵绘画中的差异性很小。伟大的希腊艺术不仅形式多样化且处于不断进步中。

公元前五世纪的艺术，人们更加热衷于理想主义，因而都渴望越过被描绘的人的形体，追寻一种本质风格，以达到一种神似的效果。柏拉图曾说过，雕刻家并不是在复制这个人，而是在复制他的思想，正是有了那些思想

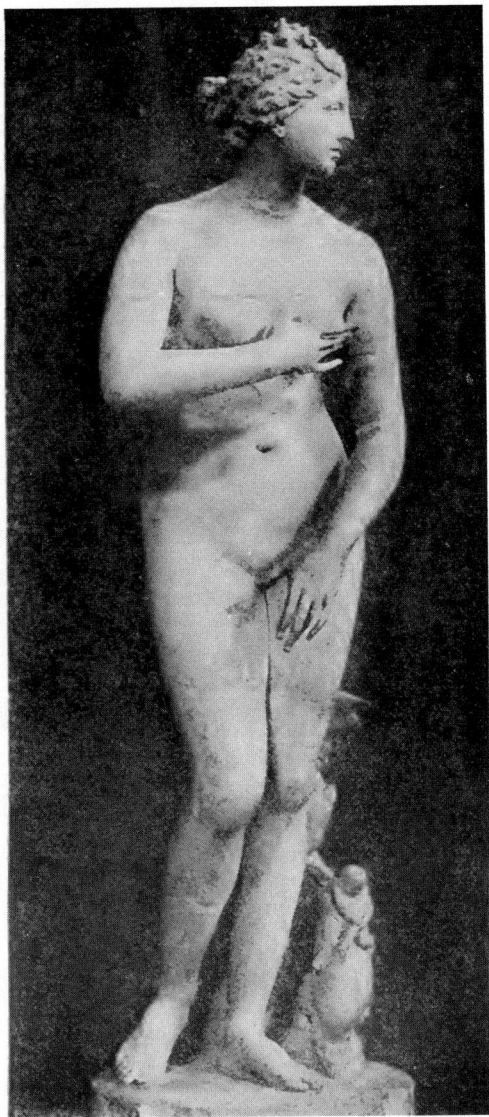

理想主义和自然主义下的女性雕像

当希腊雕塑家转向表现裸体女性时，一系列美丽的作品就这样诞生了。他们中有两种可辨别的趋势：极力打造富有想象力的理想主义的表现形式；仅仅只展示女性的可爱之处。例如，左图所示的米洛斯的阿佛洛狄忒，就是努力赋予女性身体理想化品质的结果，然而，对于所谓的梅迪奇的阿佛洛狄忒（右图），我们不得不赞美其单纯的肉体之美。

才使他成为一个丰满的人。

如果我们仔细地研究我们所能接触到的那个伟大时代的最具代表性的肖像——伯利克里肖像，那么我们会发现，在公元前五世纪，尽管他们并没有意识到自己的行为，但是希腊艺术家确实是按照那些惯例来进行艺术创作。现代的评论家可能会说，"这根本不是肖像，这里面根本就没有自己的风格"。毫无疑问，这里面是有伯利克里的某些风格，但是到底有多少，我们就不能确定了。然而，让我们吃惊的是，这个肖像里所体现的时间、所展现的人种，可以说与雅典人之父或典型雅典政客很相称。

无论是哪个时代，一个伟大的肖像既是理想主义的体现，又包含着个人之外自己独有的风格，只有"唯物主义者"才会盲从地一味模仿具体形式。但是随着现代个人主义兴盛和被尊重的要求，肖像画中的理念逐渐消退。

现在我们有那个时代最具特色的雕刻肖像，从这个作品中我们欣赏到在希腊文化的晚期，希腊艺术仍然展现出一种令人惊叹的生命力和灵活性，而这个作品就是最好的证明。后来的哲学家（比如齐诺和波塞多尼奥斯）的肖像都很精美，主要是因为肖像中所体现的人物性格和他们的现实主义，同时这两种品质也有助于我们学习这些哲学家的著作。一个现代的评论家认为，这些半身像恰到好处地再现了这些人；但是这也是有夸张的成分，但凡熟悉希腊艺术的人都会意识到典型特征和理想主义特征是不会一起出现在这里面的。

人文主义热衷于不断追求理想，并且依据人类的特征和目的来看待自然界中的每个特征，它是那个伟大时代的主要指路明灯。它支配着戏剧的创作和表演，神庙的建设，雕刻作品的装饰品，神灵的雕像以及神话或历史的场景的表现手法。在希腊艺术中，男神和女神都是拥有超能力的男人和女人，比如：宙斯作为父神，比其他人类的父亲更加威严且仁慈；赫尔墨斯作为运动员，比其他单纯的奔跑者更加活跃和灵活；阿佛洛狄忒，作为美的化身，这是人们梦寐以求的但是却无法在现实中找到的人的化身。

希腊艺术中所通用的其他特征是韵律、平衡以及量度。每个雕刻的英雄或运动员都被小心翼翼地布置，以便展现其平衡之美，并且人物浮雕或绘画的布置互相呼应，以展现某种风格。在不损坏整个雕塑的前提下，可以拿走或移动雕塑。显然，如果实行的是外对称，那么就会显得呆板而单调，因而就需要加入活力和特色。但在早期的浮雕中，却并未出现，因为顺序和平衡并不是无意识决定的，而是源自艺术家有创见的组合。

我们对希腊的雕塑杰作了如指掌，但对希腊绘画却知之甚少。在希腊，画家与雕刻家是同样有名的。市政厅和柱廊这样的建筑物有一个显著特征，就是建筑物的墙面上都画

成功的肖像画

希腊雕塑家在相当晚的时候才发现他们在肖像画方面的才能。然而，齐诺（斯多葛派哲学家，约公元前340—公元前264年）的这个半身像却极其巧妙地表现出雕塑家在诠释这个人物时的微妙感情。

有壁画来予以装饰，这些壁画通常都是公元前五世纪最杰出的画家的作品。

我们不得不从彩绘花瓶和雕塑浮雕中获取对于希腊绘画的认知——因为这些东西介于浮雕和绘画之间。一般而言，浮雕不仅要上色，而且它的创作过程跟绘画也很相似。希腊绘画的角色无疑也是很简单的，视角基本是从孩童的角度出发，并且在绘画过程中也并未尝试营造气氛以及创造景观背景。

希腊彩绘花瓶是非常值得研究的，因为它们的主题比雕塑的主题更加复杂和广阔，它们比雕塑更清晰地阐明希腊神话和日常生活。希腊花瓶大致上可以分为两类：黑色图案花瓶和红色图案花瓶。黑色图案的花瓶：公元前七世纪和六世纪制作的器皿，图案以黑色剪影的形式绘制在底色为天然红色或浅黄色的花瓶上。再添加白色和红色，进行润色，以产生不同的效果；对于公元前在六世纪末出现的红色图案花瓶，先画出大致轮廓，然后将整个背景都涂成黑色。因此，在黑色的背景下，红色的图案就得以彰显，如果还需要制造出更多的纹理，就可采用沾满黑色或深色颜料的细刷进行。

在设计前准备的圆形、方形或椭圆形的框架内，画家描绘了一些大家所熟知的神话故事，或者一些战争，或者是一些打架斗殴事件。对于从教堂中殿流传下来的史诗或悲剧传统或民间传说或特别神圣地方的传统中的事件的表现方法也有很大不同，但是这种差异也有明确限制界线。花瓶上神灵的样式细节都各不相同，但是都保留了规范造型。运动员的姿势都很简单，但具有代表性，通常不会直接描绘自然或直接渲染。偶尔，艺术家的脑海里会出现荷马或赫西奥德，或者随后出现的埃斯库罗斯或欧里庇得斯景象，但是他更加关注这种分组的美感和细节的微妙，而不是分组的具体含义。

我们必须再说说创作和分组。在绘画过程中，每个形象都是与其他形象紧密相连的，一点点的改变都可能破坏整体设计。通常图纸的两部分沿着想象的垂直线均匀对称，这条垂直线将图纸从中间分开。每张希腊图画都是一个有序的整体，协调而不混乱。

最后还应提到，希腊硬币当属我们的艺术遗产中一件最精致的物品。

第三章
罗马艺术和建筑的盛兴

H.B. 沃尔特斯【编】

H.B. 沃尔特斯：艺术学会会员，1925—1932年期间担任英国博物馆希腊和罗马古代史部门的管理人，著作有《罗马艺术》等。

独具一格的罗马艺术

几年之前还很流行把罗马艺术，特别是罗马雕塑，看作是希腊艺术的劣质模仿者，认为其缺乏独创性和真正的艺术感。维吉尔在一篇知名文章中把罗马的征战天才和帝王与希腊人的智慧天性进行了对比；贺拉斯说："被俘虏的希腊战胜了她野蛮的征服者，把艺术带给了淳朴的拉丁姆"。公元前146年，罗马人占领了科林斯，标志着征战古希腊的结束，对古希腊的征服改变了罗马人的精神面貌。

另一方面，近期的研究澄明了一个19世纪希腊艺术狂热之潮所遮掩的事实，那就是有一种类似罗马艺术的艺术一直保持着自己的风格，不受希腊的影响，也从未完全地受希腊的影响与之合成一体。我们必须从毗邻的伊特鲁利亚地区中探索这种艺术的根源，尽管首先要将这种艺术文化大部分归功于希腊源泉文化，但是，从16世纪开始之际，它就是靠自己一步步走上了艺术道路。需要记住的是，从帝国时期到共和国中期，这种"罗马"艺术确实是伊特鲁利亚艺术。伊特鲁利亚人建造并装饰了寺庙，如大竞技场附近的刻瑞斯寺庙和卡匹托尔山上三个朱庇特神灵的寺庙。这方面的唯一权威人士——维特鲁威把这些建筑物的建筑风格描述为托斯卡纳式风格，这种风格十分独特，其原理采纳了希腊多利克式和爱奥尼亚式两个系统。

阿格里帕万神殿

早期的一些罗马寺庙是圆形的，像农民的小屋，有趣的是，这种癖好并没有淹没于希腊影响之中。因为按照奥古斯都房屋赞助人的意愿，似乎只有柱廊可以用于阿格里帕建造的寺庙，所以，即便是在帝国时期，也可以看到像阿格里帕万神殿这样的寺庙。

　　尽管希腊艺术一直对伊特鲁利亚艺术有强大的影响，这一点几乎可以从所有伊特鲁利亚艺术作品，特别是早期作品中看得出来，但是伊特鲁利亚艺术一直保持着对自然主义的固有激情，我们所看到的应该是古典时期几乎所有意大利艺术中所特有的显著特点。这种伊特鲁利亚艺术强有力地显示出伊特鲁利亚人在现实画法中的天赋，这被全部地流传给他们的罗马继承者。在希腊影响下和古代艺术约束下的伊特鲁利亚早期艺术中，这种天赋还是潜在的，只有很少的雕塑和半身像作品，如来自大英博物馆武尔奇波洛爪玛墓的青铜半身像（大约公元前600年），这似乎说明那时就存在这种天赋了。

　　伊特鲁利亚人的生活和思想具有两大显著特点，那就是对未来生活的笃信和对祖先们的崇敬。因此，他们的本地艺术主要致力于为已逝之人修建住所，以保留对他们的美好回忆。伊特鲁利亚时期晚期的古墓到处都是骨灰坛，这些骨灰坛一般都是由黏土或石头做成的，呈长方形，骨灰坛外面是逝者的雕像。通常，这些雕像的手工粗糙，但仍保留着显著的个性特点。事实上，一些雕像在设计和制作上都具有罕见价值，尤其是希安第·华鲁利亚丘西的雕像（现在在大英博物馆），这幅雕像可以追溯到公元前三世纪。伊特鲁利亚人还喜欢用祖先的肖像（通常是半身像）来装饰他们的房子，后来这种做法被罗马人采用了，他们把这种肖像放在房屋的前庭。

　　在另一个艺术分支——建筑学中，尽管罗马共和国早期的建筑物出自伊特鲁利亚建筑师之手，具有早期意大利式的风格和设计，但是，罗马人或许不会将功劳归于伊特鲁利亚。在罗马，或在伊特鲁利亚，没有伊特鲁利亚——罗马建筑作为证据被保存下来。但是，我们知道一些信息，比如通过维特鲁威的描述，我们知道他们的寺庙是什么样的，如他所称的托斯卡纳建筑风格显示了与当代希腊风格的明显不同，按照完全不同的设计建造寺庙。

关于罗马肖像画天赋的原始材料

罗马对艺术所做的杰出贡献之一就是肖像画，罗马似乎明确地将此归功于伊特鲁利亚的影响。这一点可以在早期伊特鲁利亚的作品当中看得出来，骨灰坛上的雕像，如这幅来自丘西的精美希安第·华鲁利亚肖像就是一个很好的例子。

圆柱的形式十分简单，装饰所用雕塑通常也是由赤土制作的。

罗马的朱庇特神庙是由伊特鲁利亚建筑师依此风格建造所成，它由三个平行内殿或"中殿"构成，每位朱庇特神灵（共三个神灵：朱庇特、朱诺及密涅瓦）各占据一个内殿，柱廊前面是打开的。许多罗马后期寺庙都采用了这种风格。

当然，罗马对伊特鲁利亚的亏欠不仅限于艺术成就，伊特鲁利亚的宗教仪式及在建筑和工程方面的技能都在这个年轻的国家留下了足迹，被称为："意大利的坚固根基"。正如我们所见，帝国时期及整个共和国时期早期，罗马文化确实带有伊特鲁利亚风格，两大原因对逐渐建立真正的罗马艺术起到了重要作用。一个是由于罗马不断增长的力量导致明显的伊特鲁利亚文明很快消失；另一个是希腊影响的复兴，但是此时希腊影响只是针对罗马，而不是伊特鲁利亚。还有，这种变化很大程度上是由罗马与迦太基间的三次战争造成的，这三次战争推动了罗马的发展。

从此以后，罗马便由两大截然相反的文化构成，即略带虚假的古希腊文化和质朴无华的原生意大利现实主义艺术。当时雕刻的宝石充分地说明了这一点，这表明有名的权威机构已经称之为"古罗马艺术"。现代评论家将之区别于普通的古希腊罗马宝石，并把它们与伊特鲁利亚宝石联系起来。他们追溯到罗马共和国最后两个世纪（或公元前300—公元前100年），宝石的主题一般与罗马传奇或宗教有关。另一方面，存在一些同时期的宝石，这些宝石在风格和主体上都带有希腊影响的痕迹。随着罗马文化的希腊化，希腊文化逐渐出现在罗马文化中，希腊文化战胜了罗马文化。

2 罗马的建筑艺术

做完介绍后，现在来探讨从公元前二世纪到引入基督教这段期间。介绍罗马各种领域后，我们可以从他们最具特色的建筑方面探讨罗马人的成就。

我们已经知道，罗马共和国早期的建筑物出自伊特鲁利亚建筑师之手，在特点上完全是带有伊特鲁利亚特色。关于这些建筑，除了古代作家告诉我们的内容外，我们知之甚少，这是因为在奥古斯都及其继承人领导的时期对这些建筑进行了重建，当时罗马人已经熟悉了希腊建筑风格及正在失去原有个性的建筑理念。但是，也有一些建筑重建时遵循了旧风格，例如古罗马广场上的圆形维斯塔神庙就保留了旧风格的特点，比如三间式或高高突起的地基。但是，典型的意大利寺庙的平面设计很快结合了希腊的列柱式柱廊，托斯卡纳式的精细装饰被希腊柱式所代替，在加德纳缩写的希腊艺术第三卷中引入了多利克式、爱奥尼亚式及科林斯式塑形、装饰及圆柱和附属建筑物的处理。

实际上，人们将罗马寺庙描述成"希腊外套下的伊特鲁利亚式或意大利式建筑"。但是，有一点重要的不同之处，即许多罗马寺庙的圆柱并不构成单独的柱廊，而是陷入墙内（被称为"假列柱式"组合体）。公元前78年修建的爱奥尼亚式博阿留姆广场长方庙就是这类寺庙的一个最佳例子，现在这个寺庙是现存罗马建筑中最古老的寺庙之一。共和国时期现存的唯一建筑物是位于卡匹托尔山上的档案馆，它和博阿留姆广场长方庙建于同一年。这些建筑物的特点就是采用了建筑柱式，为了丰富墙面，纯粹用作装饰。

对伊特鲁利亚建筑理念进行更改是罗马人的典型特点，他们既不是发明天才，也不是抄袭天才，但是，他们从不失个性，他们所有的作品基本都遵循实用风格。拱顶结构原理的发现具有深远影响，因为，拱顶可以代替平屋顶，从而覆盖更大的面积，安放更多的设施，于是，我们发现，整个帝国时期，建筑技能在稳步发展，建筑雄心在不断增长，万神殿是这期间的里程碑，广大的卡拉卡拉浴场则达到了顶峰。

罗马的科林斯柱式

若比起其他希腊柱式，罗马偏爱科林斯柱式，正如卡斯托和普鲁克斯神庙上的柱顶所示，罗马甚至为这种柱式增加了些艳丽的装饰。

据说，罗马建筑的卓越之处不在于它的完整性，而在于它对建设问题的解决方法和垂直建筑的发展。甚至在此之后，其他艺术都陷入了平庸之列，而拱顶结构继续发展，康斯坦丁长方形廊柱大厅显示了早期努力下的罗马建筑的实际发展情况。事实上，不是轮廓的优美或装饰的效果，而是建筑结构吸引着实干的罗马天才。

罗马建筑的另一个特点，那就是罗马人认为世俗公共建筑同样重要，他们的建筑必然地包含了大量的自由设计和精细装饰，而希腊建筑师几乎将他们所有的天赋都用在寺庙上，他们的建筑问题构成简单自然的大部分。在浴场或类似建筑物之中，罗马人成功地进行了最精心的室内布置，这是希腊人从来都没想过的，并且由于制度的限制，也从来不会实现的。在希腊，我们发现了一组建筑群，例如埃皮达鲁斯的克里比阿神殿，里面的每一个建筑都是一个独立单元，而在罗马，在同一个屋檐下，会有寺庙及长方形廊柱大厅组合体。罗马建筑能在水平或垂直方向上无限延伸。卡拉卡拉浴场就是水平延伸的，罗马圆形大剧场则是垂直延伸的。

罗马使用各种柱式建造经典建筑物也十分令人感兴趣。值得注意的是，在罗马及希腊，通常都不是连续地使用柱式，就像英国有不同的哥特式风格。在希腊，采用一种风格主要是出于当地原因，例如，爱奥尼亚柱式一直都是在小亚细亚地区使用。同样，在罗马，尽管多利安式和爱奥尼亚式建筑物早于科林斯式建筑物，但是，由于在帝国时期，科林斯式建筑物大体

具有科林斯风格的标本

多利安柱式对罗马造成了混乱，后来罗马引入了单调乏味的装饰，最后，在柱顶上增加了科林斯的叶形装饰。来自图拉真广场的碎片（如上）就说明了这种"合成"风格。

上更符合罗马人的品味。早期罗马的托斯卡纳风格严格来说并不是明显的柱式，只是因柱顶的形式和带基座的无槽柱而与众不同。这实际上是意大利版的多利安柱式。但在希腊影响出现之前的共和国时期，人们才使用这种柱式。

科林斯柱式在罗马达到盛行巅峰，在希腊，它甚至不为人所知。早在公元前二世纪，罗马人就将这种柱式运用于建筑物当中，此外，还大量地改良并发展了柱顶形式，柱顶将科林斯柱式和爱奥尼亚柱式区别开来。万神殿和古罗马广场上的卡斯托耳神庙正体现了这种柱式"合成"柱顶，兼具科林斯式和爱奥尼亚式，更精确地说是添加叶形装饰由爱奥尼亚式发展而来，这种合成柱顶于帝国时期一世纪引入。这种柱式还可以从提图斯凯旋门和图拉真广场上看得出来，我们在这些建筑物中看到了真正的罗马风格，它们结合了所有柱式的不同特点。

正如大家所了解的那样，跟希腊寺庙不同，罗马寺庙是国家建筑的主要表现。这并不是说罗马人无宗教信仰，因为在许多方面，他们的宗教本能要强于希腊人的宗教本能，有更多的主观依据，所以他们觉得不需要这样外显表达。众所周知，本质上，罗马人的思想是很实际的，正如蒲林尼所描述的那样"非常功利"，罗马人认为长方形廊柱大厅、浴场及广场跟他们的寺庙一样重要，在这方面，现代和中世纪之间罗马与希腊处于同一水平。对于中世纪希腊建筑师或工匠，艺术事实上就是宗教的侍奉者，在研究宗教和艺术成就时，有必要转到神圣的建筑上来。对于维多利亚时期的作品，我们几乎不会这样做，同样，对于罗马人而言，他们的世俗建筑唤起了他们的极大兴趣。尽管一些罗马寺庙体现了建筑结构或建筑细节的显著特点，但是，无论如何，都不会体现显而易见的美丽与庄严，而叙利亚的巴勒贝克的伟大建筑和各省的伟大建筑物却是例外。

圆形寺庙是罗马的一大特别发展，这种寺庙类型很可能要追溯到帕拉丁山山坡上罗穆卢斯的圆形小屋。罗马依然存在这种类型的著名寺庙，台伯河附近屠牛广场上的迷人小寺庙因罗马古画而广为人知，目前依然保存完整，它的柱廊是由优雅的科林斯式圆柱组成的。

始建于公元前27年的万神殿标志着这种原始风格的复兴，这座寺庙是一个带有圆形拱顶的圆形建筑，直径为142英尺，高为140英尺，有一个很大的门廊，这无疑是最好的罗马寺庙之一。现在的万神殿是在哈德良时期修复的，这座寺庙把圆形屋顶结构与三间式的门廊结合在一起，我们从中可以看到一种建筑风格，这种风格后来在拜占庭式和罗马式的建筑中得到了发展，甚至在英国圣殿骑士的圆形教堂中也有所体现。

直到帝国时期初期，罗马人才开始对世俗建筑予以关注。迄今为止，甚至神灵都是被谨慎地安放在房屋里，正如尤维纳利斯所说："没有一个地方的大理石会损坏与生俱来的凝灰岩"。帝王们的野心开始使各种辉煌的建筑遍布罗马，奥古斯都为此开了好头，他常常自吹，说他发现的是满是砖头的罗马，而留下的却是满是大理石的罗马。所以，广场北部建立了新广场，每个广场都有寺庙、法院及纪念碑，对面的帕拉丁山上都是恺撒大帝的宫殿。逐渐地，罗马共和国被改得面目全非。

奥古斯都时期建造的一些雄伟建筑包括帝王广场，这些广场被寺庙、长方形廊柱大厅及其他官方构建物、剧院和竞技场、公共浴场及帝王住所包围着。大多数广场是由带砖头饰面的混凝土建成的，表面是灰泥或大理石。

3 罗马的雕塑艺术

希腊和罗马雕塑的主要不同之处有两点，一是目标的理想化，二是活人的肖像中或记载历史事件的浮雕中的现实主义表现手法。所以，在对待罗马雕塑时，我们须采用一种与对待希腊作品不同的方法。就像希腊艺术一样，毫无疑问，会出现特别明确的流派或杰出的艺术家，这与连续发展和后续衰落无关。罗马艺术是一种折中艺术，不同时期表现出不同趋势，各种趋势互相独立，这些趋势源于罗马艺术家模仿的特点。所以，对于这样的作品而言，往往很难给出确切的时间，例如，不能轻易地把罗马作品与希腊后期或古希腊时期的作品区别开来，当我们对待希腊作品的罗马复本时，自然更是难以区别。

事实上，除了肖像画和历史古迹这两个分支，罗马艺术并不具备独立在本国发展的能力。罗马雕塑和希腊雕塑之间有一定联系，后者影响着前者。

罗马雕塑是圆雕形式，在一定程度上，也是浮雕形式，几乎所有的罗马雕塑都归入两类：复制品和仿制品。虽然希腊艺术作品复制品的雕塑有着自身的价值，因为它们很好地解释了希腊艺术史和希腊艺术家的作品，但是，作为罗马艺术的范例，它们却没有任何意义。这样的雕塑事实上是以希腊方式接受训练的希腊艺术家们，为富有的罗马赞助人而创作的作品，而这些赞助人事实上已经对艺术有所品味，多少有点像现代新贵们的品味。

另一方面，仿制希腊作品的目的是产生一种特别流派或一个时期的风格，而不是一幅幅作品。大约在奥古斯都时期，流行着一种复制古希腊风格的时尚——有点类似于前拉斐尔派。人们在后期模仿了另一种当代艺术作品流派，即"新阁楼"浮雕，也就是公元前五世纪第二个25年时期的阁楼作品，这种作品的特点是古雅、精美。在这些作品中，我们发现一些类型不断地重复或进行不同的组合，但它们仅仅是出于装饰目的。从此，在其他材料（如金属制品和陶器）上，对这些作品进行复制。奥古斯都时期曾盛行的帕西特利斯流派再一次尽力地复制希腊文化在该时期的特点，而阿尔凯西劳流派却结合了古希腊时期的田园风格，这种自然对待风景和植物形状的方式鲜明地体现了亚历山大的品味在罗马的影响。在这些流派中，没有任何流派具有明显的罗马特色。

为此，我们需要把注意力转到奥古斯都和平祭坛。公元前十三世纪，奥古斯都为了帝国的和平建了这座祭坛，以此纪念他在西班牙和高卢获得的胜利。该祭坛坐落于战神广场，是奥古斯都时期装饰艺术最伟大的成就。但是，该祭坛还把一种新的理念引入到纪念雕塑之中，以歌颂罗马大帝，这种理念特别具有罗马特

伊特鲁利亚和希腊的影响

正如我们所见，伊特鲁利亚人影响了罗马人的肖像画技能。这两幅赤陶土头像雕塑表现出了一种过渡。两个都是罗马人的作品，但是，第一幅（左边）几乎是完全的伊特鲁利亚风格，而第二幅（右边）表现得更多的是希腊的理想化手法。

色，最重要的是，它赋予了帝国时期的艺术个性。希腊人通过纪念碑纪念历史事件，纪念碑上赞美着英雄传奇或神话故事，如众神和巨人之间的战争或希腊和亚马逊之间的战争，但是，罗马人不会以略带理想化的方式描述事件和与他们相关的人物。

和平祭坛是罗马的纪念碑，它呈现的是帝王家族成员和为新祭坛献祭的罗马贵族，祭坛一面是纪念和平之神的列队行进的赞美诗，另一面是一组关于大地母亲——忒勒斯及随从神灵的寓言故事。后面提到的这组寓言是以绘画的形式表现的；在装饰方面，通常我们会看到奥古斯都全盛时期的自然主义——不朽的"伟大的罗马"。

现实主义与理想主义的结合

即便是在奥古斯都时期，伊特鲁利亚的精确肖像画的传统在希腊影响的潮流下依旧顽强地流行着，正如奥古斯都年轻时的头像雕塑所显示的那样，被理想化了，被精细地塑形，但依然具有个性。

有人认为，罗马艺术中最成功和最具特色的部分是肖像画。在这种艺术分支中，罗马人因其现实主义倾向发现了这种表现形式，即便在帝国后期衰败之时，这种艺术分支依然保持着较高水平。

这种现实主义的肖像画并不是奥古斯都时期的新发明。公元前三四世纪的伊特鲁利亚赤陶土头部肖像既栩栩如生，又具有独特性，但做工却不精细。之后出现了一系列的赤陶土头像，这些头像都表现了伊特鲁利亚的追求的真实性。我们的博物馆就有许多这样的头像，但人们往往忽略它们，于是希腊文化中的理想主义就出现了。但是，事实上，大多数伊特鲁利亚作品是用青铜做成的，其中已经提到的著名的雕像——奥拉托雕像就是个极好的例子。当然，使用这种材料的雕塑会占优势，但是，在公元前三四世纪，赤陶土头像却是罗马共和国作品的例证，并且即便不是著名的艺术作品，也具有重要的研究价值。

值得注意的是，希腊和罗马肖像画之间的根本不同。从希腊艺术的总体趋势来看，希腊肖像雕塑家的用意多半不在表现个性上，而是在复制一种类型。两种艺术之间的差别看起来是永恒的。趋势进一步产生的结果是：罗马雕塑中，艺术家的个性阻碍其作品的识别，跟希腊艺术一样，罗马艺术没有任何雕塑流派，我们不能依据创作类型识别艺术家。

帝国时期初期，著名的尤利乌斯·恺撒和奥古斯都肖像很好地例证了罗马肖像的现实主义。但这种现实主义却因希腊艺术家所接受的理想主义教育而受到了阻碍，因为这些希腊艺术家都是被雇佣来完成这些作品的，他们的任务就是把现实主义与对艺术理念的忠实相结合。在这方面可以说，他们已经取得了明显成功。

随后的时期中，即从奥古斯都到维斯帕先，艺术最好的典型不再是帝王人物——实际上，一些人将之描述为"非常庸俗"——而是不出名的人们的肖像。弗拉维王朝时期，肖像画发展到了顶峰时期，希腊艺术家在古希腊和罗马元素结合中表现出不凡的能力。

把图拉真和哈德良时期的代表作进行比较，来举例说明肖像画后期发展，这也是十分有趣的。图拉真是个典型的"老罗马人"，哈德良则阅历丰富，是个"饱经世事之人"。哈德良是第一个蓄须的罗马皇帝，在他之后很多人开始蓄须，哈德良时期的作品中，有些作品想表现对古希腊和哲学的同情。此外，哈德良时期的作品对理想和典型存在明显的希腊式趋向。

安东尼时期，希腊影响依然存在，但是没有之前那么强烈。工艺技能对精确的塑形有很大帮助，但却是以生命和灵感为代价的。我们这里有马可·奥里利乌斯的一两幅精美代表作，特别是国会大厦上著名的骑马雕像，它曾受到米开朗基罗的赞誉；福斯蒂娜母女的肖像十分精美，这很可能算是真实的杰作。康莫德斯的半身像以最有力的方式表现了帝王的自我主义和自我放纵，结合了美与力量的特质。卡拉卡拉的肖像也是现实主义的表现，他是所有罗马皇帝中最残忍的一位，他的性格在柏林博物馆和其他地方的半身像中被充分地体现出来。

被雕成女神的安东尼娅

这位称为克莱荻亚的女神可能是安东尼娅（马克·安东尼之女），她被福玻斯变成一束花，这体现了把人类等同于神的典型罗马手法。

到公元前三世纪，帝国时期的肖像在艺术上有了明显改进，德西乌斯的肖像也掀起了里格尔热潮，里格尔是后期罗马艺术的伟大拥护者，他宣称"不能称艺术衰败是有意义的"。最好的半身像或许是梵蒂冈的阿拉伯人菲利普半身像，这幅半身像作画精美，是典型的杰出之作，但头发处理得不太自然。这些半身像都说明了罗马国民所拥有的肖像画天赋，而此时在其他艺术方面，艺术则已经陷入了平庸。

帝国时期肖像的典型特点是以神化的方式或以半神化的外观表现活着的人。大英博物馆著名的克莱荻亚就是一个广为人知的例子，人们认为这个女神是马克·安东尼之女——安东尼娅，她扮的是福玻斯深爱的女神，后来被福玻斯变成了一束花，但是，这幅肖像把半身像和花结合起来很可能仅仅是用作装饰。

弗拉维王朝时期，罗马本土艺术家打破了奥古斯都时期的传统，创造出一种充满活力和现实主义的新国家艺术，罗马本土艺术家技术的进步促进了艺术的发展，这一点可以从当时的画像中得到印证。从维斯帕先到马可·奥里利乌斯这一个世纪期间，尽管罗马艺术并不总是以同样的方式被表现出

贝尼芬顿图拉真凯旋门上的巧妙错觉（看起来像一群人）

贝尼芬顿凯旋门是为了纪念图拉真而建立的，在图拉真死之前，凯旋门还没有完工，公元117年，当图拉真从帕提亚归来的时候，完成了这幅雕塑，上面把他画成是在嵌板外面。这场景是牺牲场景之一，所有其他场景都表示独立事件，但图拉真大帝一直都是中心人物——结合了纪念碑记载的"分离"和"连续"风格。

来，但却在此时进入了全盛时期。弗拉维王朝时期，艺术家的主要目标是模仿自然主义，该主义是想还原真实事物或真实的人，这在理念上而不是在方法上与现代印象主义艺术家的目标相一致。图拉真王朝时期，历史纪念碑或记载真实事件的绘画十分卓越；哈德良时期，由于哈德良大帝的世界性品味和对待艺术略带肤浅的态度，这种艺术形式得到广泛普及。但是自然主义的艺术形式在经典希腊艺术类型的模仿和复制中有所反应，因此，这个时期的艺术缺乏原创性，没有创造力。

严格地说，历史纪念碑是在费拉维时期创造的，正如我们在提图斯凯旋门中所看到的那样，是在图拉真时期得到完善的，在图拉真时期，无论是弓形、柱形，还是浮雕形式，历史纪念碑都成了纪念重要事件的常用方法。从艺术角度来看，这种艺术形式违反了许多真正艺术的规定，它除了在材料和技巧上的限制外，通常还在装饰方面缺乏天资。这种艺术形式表明这个国家的历史性雕塑取向，以绘画方式记载了这个时期的重大事件，所以，我们更看重的是这些纪念碑的主题价值而不是它们的艺术价值。

德国的艺术家和技术评论家——F.威克霍夫对纪念碑进行了令人兴奋地研究，他认为后期的罗马艺术引入了一种讲故事的新方法，即"连续叙述"的方法或同时呈现几个片段的方法。他说，希腊艺术只有两种讲故事的方法，即"分离法"和"补充法"。

但是，连续法并不是全新的方法或纯粹的罗马式，事实上，这是一种原始早期艺术特征，或许就是这种方法能吸引艺术感比希腊人的艺术感差的罗马人的原因。这或许也说明了为什么早期的基督徒喜欢这种方法。图拉真时期的罗马艺术家首次引入这种讲故事的方法，在这种方法中，连续的行为被表现出来，被描述的人同时参与一些或全部行为。早期基督艺术逐渐地采用了这种方法。

威克霍夫的另一个理论是，后奥古斯都时期的纪念碑说明了一种全新的理念，他称之为"错觉艺术手法"。我们已经注意到，在一定程度上，这种手法与现代的"印象主义"相一致。罗马艺术家的目的是在不考虑建筑环境的情况下处理人物，这正如现代画家

图拉真凯旋柱上辉煌的艺术效果

现存最好的"连续"雕塑模型是罗马的图拉真凯旋柱。覆盖97英尺的螺旋带呈现了达契亚战役之后的事件，给人一种连续故事的印象。此处是多瑙河神保佑罗马军队渡过浮桥的场景。

巧妙地处理色块，以便为旁观者创造一定的光学效果一样。实际上，当我们想到庞贝绘画作品时，我们就可以明白这种理念来自于绘画艺术。

提图斯凯旋门上，庆祝胜利的游行中人们拿着从耶路撒冷神庙夺得的祭祀容器，通过开阔的画像框，我们看到了一个检阅游行队伍的画面。将最后一排人物的背景以平浮雕的形式表现出来，这样他们就不会投下影子，也就达到了逼真的效果。事实上，这是三维雕塑首次被发现。尽管一些评论家已经指出，它有一种不确定的价值，但在图拉真时期，以平面形式处理艺术的方法更适合于建筑装饰。

图拉真的统治标志着历史纪念碑进入了鼎盛发展时期。我们不仅有图拉真广场的大圆柱，还有意大利南部贝尼芬顿的图拉真拱门，以及广场上的一系列浮雕，后来君士坦丁大帝还用这些浮雕装饰他的凯旋门。凯旋门象征着帝王的胜利和凯旋，所有事物都安排在一个狭长的空间里，即拱门里，以呈现出事件连续穿过旁观者的效果。

无名工匠创作的罗马人肖像

许多罗马大帝的半身雕像都十分出名，但这些作品并不优于共和国工匠的作品，如上面四幅作品（左上角的那幅是用赤陶土做成的，表层涂有颜色）。令人吃惊的是，我们并不知道这些杰出雕塑家的名字。

　　贝尼芬顿的拱门上的装饰使人想起提图斯凯旋门，但这座拱门没有遵循连续风格，联系起来的场景通过每幅场景的主要人物表现出来。上面描述的主题一方面反映了帝王的国内政策，另一方面，反映了对外或殖民关系。

　　图拉真凯旋柱是连续方法的显著实例。我们注意到从底部蜿蜒到顶部的一系列浮雕时，会发现这根圆柱十分突显图拉真大帝，他一直都处于圆柱每个部分的中心位置。他的形象共计重复出现了90次，正如威克霍夫所说，重复出现并没有使人感到厌倦。

　　场景不仅包括军事事件，还包括后面的欢呼庆祝。实际上，这些不仅是艺术构想，还是以石头形式表现出来的绘画编年史。

　　哈德良统治时期出现了古典主义和折中主义的复古。带有浮雕的石棺中出现了另一种显著特征，尽管这不是一种新的罗马艺术特征，但是现在却不断地流行起来。装饰过的石棺是伊特鲁利亚艺术的一个显著特征，在希腊，这种艺术从未流行过。早期罗马代表作很少只用纹饰进行装饰，但是，公元二世纪，在石棺前面或两边，就开始用纹饰开始进行雕刻，主题为神话故事，这些主题大部分是原始希腊作品中约定成俗的主题。这些作品大多具有连续的风格，石棺前面狭长的面积被很好地装饰，从高水准到低水准，技巧不尽相同。这些作品从未真正超过精美装饰作品的水平，但是作为神话纪念碑而不是艺术纪念碑，它们还是有自己的价值的。

　　在一些作品中，我们看到了奥古斯都时期古典风格的复兴，在众所周知的罗马阿巴尼山庄，即珀琉斯和西蒂斯举行婚礼的地方，这种复兴也有所体现。另一种是以司奇洛斯卡比多里尼博物馆的阿基里斯石棺为代表的艺术类型，在这一方面，这种倾向于机械、拥挤的组成方式是显而易见的，我们感觉到雕塑正在枯竭。第三种类型，可以追溯到来自西顿的四世纪时期的希腊石棺，这种类型是将圆柱沿前方布置，人物要么单独出现，要么以组合形式出现。对于这一点，我们可以认为石棺后期有显著的发展。

回到安东尼时期，这一时期的作品结合了连续的方式和古典的折中主义，尽管一些作家，如迪尔教授认为"这一时期有着辉煌的公益精神和卓越的成就"，但我们很难发现杰出的作品。马可·奥里利乌斯圆柱算是这一时期的杰出作品，尽管它没有给人留下深刻印象，但作为连续风格的实例却可以与图拉真圆柱相匹敌。

帝国三世纪时期的雕塑基本上一直处于衰落时期，只有一些优秀的肖像画作品和塞维鲁凯旋门及君士坦丁大帝凯旋门上的雕塑。这时期的作品完全脱离了罗马方式和理念，引进了正面描绘手法，这种手法成为君士坦丁时期雕塑的显著特点；作品的硬度和方正度为拜占庭镶嵌画的出现奠定了基础。

4 罗马绘画与镜嵌艺术

罗马艺术的研究基本上在于它的两大主要表现——建筑和雕塑。但是，如果不顾及在罗马艺术上取得重大成功的其他领域，我们的研究是不完整的。

在绘画方面，当与我们所知的希腊成就相比时，我们会觉得我们在罗马绘画方面了解得更多。实际上，在希腊绘画方面，没有留下任何作品，至少没有留下伟大艺术家的名作，但在罗马绘画方面，却有相当多的珍品。

罗马绘画分为两大类：壁画和架上绘画。

我们对罗马绘画的了解主要是来自从庞贝古城发掘的作品，一小部分来自于罗马及其周边城市发现的绘画作品。大多数罗马绘画为风景画，在这一艺术分支方面，希腊人似乎比古意大利大师们还落后。但是，希腊人对绘画，至少是风景画并不在乎，实际上，中世纪画家仅仅把这种艺术形式作为人物主题的背景。而在奥古斯都时期，风景通常是罗马绘画的主题，并且通过真实表现出对自然的欣赏，这非常不符合希腊人的品味。

流传下来的风景画有在罗马埃斯奎林山上发现的奥德赛风景画系列，此系列现保存在梵蒂冈图书馆。这些风景画可追溯到基督纪元初期，主题取自于《奥德赛》第十和十一卷中描述的尤利西斯漫游。如果不考虑主题的趣

罗马发现的精美壁画：阿尔多布兰迪尼婚礼

在阿尔多布兰迪尼婚礼的壁画上，我们看到的是全盛时期的罗马绘画，有人认为这幅壁画反映了希腊四世纪的杰作特点。毫无疑问，其创作和语言——婚姻之神坐在婚床旁边，女神围绕着待嫁的新娘——在精神上都具有希腊特色。但是，这幅作品更像是当代罗马或希腊化艺术的原始表达。

味性，这些作品中的风景明显超过人物，居于主导地位，风格颇具印象主义特色。大英博物馆里的两幅画——尤利西斯战胜塞壬女妖和伊卡洛斯亡命之旅，具有类似的风格。

帕拉蒂尼山上利维亚神庙里留存着这一时期罗马绘画的代表作品，一幅是波吕斐摩斯追求嘉拉提亚女神，另一幅是赫耳墨斯把艾奥从百眼巨人那里释放出来。在庞贝古城也有着类似的主题，但是，罗马的作品在构思和技巧上略高一筹。还有一幅更精美的作品，即梵蒂冈的"阿尔多布兰迪尼婚礼"，呈现的是新娘在为婚礼做准备的场景，尽管这部作品本身是在公元前一世纪之前创作的，但以优雅和脱离现实主义的手法反映出希腊公元前四世纪的杰作特点。

在庞贝古城，普遍采用了壁画装饰，并且大量的装饰品被保存下来，这让我们感到十分庆幸。庞贝绘画风格被分为四个相继时期，从希腊化时期一直到这所古城的摧毁。第一时期为镶嵌风格，这种风格模仿了一种镶嵌方式，这种方式是用单一的颜色在有色大理石制成的平板（即墙板上）进行绘画，然后再将这种平板进行镶嵌。第二个时期被称为"建筑时期"，在这一

庞贝"复杂"风格的壁画

庞贝的壁画比阿尔多布兰迪尼婚礼更具希腊特色，令人吃惊的是，阿尔多布兰迪尼婚礼这幅作品
更加优秀。庞贝绘画风格被分为四个相继时期，这是第四个时期，即"复杂"时期的作品，该作
品来自韦蒂之家。在这幅作品中，采用了各种"错觉主义"技巧，建筑场景往往设计成给人一种
消逝的远景感。护墙板模仿了大理石雕刻品或"镶嵌"风格。

时期，绘画被引入建筑场景中，作为框架，使观者产生一种幻觉景象。第三
个时期为"华丽"风格继续作为建筑场景，但处于次要地位。最后的一个时
期为"复杂"风格，大约从公元50年持续到公元79年，大多数现存绘画作品
都处于这一时期，这一时期体现了弗拉维时期"幻觉主义"的演化过程。

　　庞贝绘画的主题有四种类型：神话、风俗（即来自日常生活场景）、风

富有的罗马人是如何装饰室内墙的

许多庞贝绘画属于"风俗画"，韦蒂之家一系列绘画体现了从神话主题过渡到该主题，绘画呈现了丘比特忙于各种事务的场景，在这一组画中，丘比特担任的是漂洗工。

景及静物，大多数主题是神话。选择的神话主题通常是因为激动人心或心理趣味，如卡斯特与帕勒克神庙里的特洛伊传奇主题，或是因为情感的表达，如悲剧诗人神庙里的伊菲革涅亚祭品画中的主题。其他主题很少研究人物和人类风景，多为田园爱情场景。但是，很多主题是著名希腊原作品的复本或是著名希腊原作品的反映，如赫库兰尼姆古城发现的美狄亚杀害自己孩子的主题或韦蒂之家里幼年大力神勒死巨蛇的主题，这些主题都参考了希腊画家——宙克西斯的名作。神话到风俗的过渡在韦蒂之家一系列绘画中有所体现，这些绘画呈现了丘比特忙于各种日常生活活动，如制油或酒和卖油或酒，或者当金匠或漂洗工。

对镶嵌艺术的熟练使用

镶嵌作品是从东方引入罗马的，在非洲被恰如其分地采用。这幅作品发现于迦太基，可追溯到公元250年，四季之神的头体现了各个月份和季节。

奇怪的是，庞贝城的摧毁似乎与罗马世界绘画艺术的完全消失同时发生。绘画地位被一种新的装饰形式所代替，即镶嵌艺术形式，尽管这种艺术形式存在明显缺陷，但却是一种非常有效的图形艺术形式。这种艺术形式是在东方兴起的，首次被引入意大利是在大约公元前二世纪中期，用于装饰地板和墙。随后，这种形式被扩展到其他领域，在高卢、德国及英国房屋道路上都可以发现帝国时期这方面最高的艺术成就。

意大利早期镶嵌工艺显示了亚历山大艺术的影响，如那不勒斯帕莱斯特里那的镶嵌作品呈现了尼罗河泛滥时期的埃及风景。共和国时期的代表作是庞贝农牧神庙的绘画镶嵌，该作品呈现了伊苏斯之战中的亚历山大大帝和大流士，这是距当年约200年前希腊作品的复本。作为以没有前途的材质做成的代表作，该作品是鼓舞人心的，唤起对歌德的崇拜。由于最好的镶嵌代表作保存在中欧和北非，后期的镶嵌工艺在精神和主题方面都更具罗马特色，但这些作品都带有艺术衰落的迹象，艺术衰落起始于罗马帝国后期。但是，我们必须记住的是，这种艺术是在帝国时期经受住基督教传播的艺术之一，早期西方或拜占庭式教堂、长方形廊柱大厅及大教堂的辉煌装饰都源自罗马人的灵感。

5 罗马雕刻与装饰艺术

罗马人获得真正成功的另一种艺术分支是宝石雕刻艺术，正如我们已经看到的那样，最早的罗马宝石是关于共和国时期本土艺术发展的少数信息来源之一。在这种艺术中存在两大影响潮流，即本土和外来的影响。首先两大潮流的影响是分开的，然后逐渐地联合起来，直到最后，外来影响占主导，导致个性完全消失，但这只是针对雕刻的宝石和凹雕。古希腊时期的希腊人在短暂时间里曾发展过另一种艺术分支，即宝石切割艺术，后来这种艺术更吸引罗马艺术家和罗马大众。

奥古斯都时期，宝石雕刻艺术被广泛流行，不仅被用在著名帝王人物肖像上，还被用在历史或具有历史性主题的作品上，比如维也纳的奥古斯都宝石雕塑，宽为八又二分之一英寸，长为七又二分之一英寸，它把奥古斯都神化了。另一块宝石雕塑是大英博物馆的奥古斯都肖像，这是由当时最伟大的宝石雕刻家——迪奥斯科里德制作的。但是，宝石雕塑的流行却是短暂的。

奥古斯都时期，当罗马装饰艺术达到高峰时期，金属制造也有了发展。金银雕镂术取得了很大成功，特别是在公元前四世纪的小亚细亚，毫无疑问，缪斯和苏拉之战中，从东方艺术宝藏洗劫得到的宝物与金属杰作一起涌入罗马，这些作品不仅获得赞誉，还被广泛地临摹。共和国后期，奢侈品的增加进一步促进了这种产业的发展，并对装饰艺术的其他分支，如赤陶土工艺品和陶器，产生了深远影响。但是，跟宝石切割工艺一样，这种艺术的流行也非常的短暂。

主要的罗马金属制品都是银质的，除了单一的标本外，我们有幸处理了好几个非凡的"宝库"和奥古斯都时期罗马富人的金属板藏品。其中最杰出的是在庞贝附近发现的博斯科雷尔宝库，现在放在卢浮宫中，而在柏林有希尔德斯海姆宝库，在巴黎有伯内宝库。博斯科雷尔宝库可追溯到公元79年之前，其遗址被当年的火山灰压倒了，事实上，这个宝库在风格上可以追溯到更早时期。

器皿主要是餐具，如酒杯、碗及壶，但人们并不使用这些器皿，而是用它们作装饰。碗上一般用高凸浮雕装饰；壶的主题是奥古斯都时期的古典风格；杯子上的浮雕一般是歌颂奥古斯都和提比略，这些与刚刚描述的刻着浮雕的宝石相一致。在作品中，尽管亚历山大的影响是很强大的，但这不是唯一影响，一些作品上实际带有当地艺术家的名字。事实上，这些作品说明了当时趋向于遵循某一装饰理念，很少或根本不考虑所用的材质。这种作品实际上并不是创造性艺术，所以，没有给人留下深刻的印象，但这种作品确实说明了当时罗马艺术家对高度发展的装饰有着与众不同的直觉。

当时的赤陶土壁画浮雕和陶器上也有着这种趋势，像在金属作品上一样，也一遍又一遍地复制着同样的纹饰，大多数作品的原型都是

宝石雕刻艺术珍品

在宝石制品中体现了在早期罗马宝石方面的独创性，奥古斯都头像是真正的艺术品。

奢华时期的银制品

奥古斯都时期是伟大的金属制品（主要是银质制品）时期。右边是来自希尔德斯海姆的装饰性碗，上面是高凸浮雕的雅典娜，这些成果在装饰上具有重要意义，但缺乏独创性。左上角的器皿也来自希尔德斯海姆，下面的是在博斯科雷尔发现的。

早期希腊作品，但在处理时，罗马人对材料有着一种合成和适宜感，使作品不乏味。赤陶土浮雕被用于装饰罗马人的房屋和别墅，主题要么是神话的，要么是纯粹装饰性的。西塞罗说过用它们装饰他的房屋，风格一般是"新阁楼"式，我们提到的陶器几乎全是在托斯卡纳区的亚雷提恩古城制造的，花瓶是由非常光滑的红黏土制成的，是金属制品的精仿品。这些制品上面通常都会有罗马制造者的名字，其中主要有M.佩雷尼厄斯和P.科尼利厄斯。关于希腊和意大利文化的不同状况的评价是十分有趣的，评价说希腊人满足于用途普通的陶皿，希腊艺术家认为把努力用在彩绘装饰上是值得的，更加奢华的罗马人只满足于贵重金属，只有那些生活条件简陋的人才满足于黏土复制品。

第四章

阿拉伯文明的
鼎盛时期

斯坦利·莱恩·普尔【编】

斯坦利·莱恩·普尔：文学博士，1898—1904年任都柏林圣三一学院阿拉伯语教授，《埃及撒拉逊人的艺术》、《中世纪阿拉伯社会》等书的作者。

1 巴格达的建立

罗马人所继承的古希腊传统失去了活力，但在拜占庭时期保留了下来。埃及和叙利亚对希腊思想烂熟于心，波斯在与罗马的战争中，将很多敌人的文化带回了本土。无休止的神学争论，分裂了东正教会，却也因祸得福，因为他们必须不断地研究希腊哲学——最重要的是，亚里士多德的逻辑被当作所有神学争论的基础。在叙利亚和亚历山大港的学校中，大多数亚里士多德的著作都是以叙利亚语翻译和注释的，这些是神学辩证的必要工具，也是作战人员的基本储备。

那时曾有能让文化复兴的资料，但征服者不知道如何使文化再生，这使得文化复兴的动力不可能来自保守的阿拉伯大马士革哈里发。但幸运的是，一场及时的革命，将政府所在地从阿拉伯内陆城市转移到了一座新建的首都。在这里，大相径庭的影响力，以及我们所说的"进步的"影响力都不会受到限制。750年，阿巴斯王朝在叙利亚语方针上取得了成功，十二年后，曼苏尔——新方针的支持者，建立了巴格达并将其定为首都。

尽管波斯思想是通过高贵而灵活的阿拉伯谚语表达的，但这种新思想仍使阿拉伯的当局垮了台。政府的各个部门都转由波斯官员管理，这些波斯官员是来自阿拉伯的一批与众不同的知识分子，其中辉煌的巴米赛德家族很著名，并使"善良的哈伦·拉希德的黄金时代"成为了童话《一千零一夜》中很多故事的题材。

但阿拉伯文化并不应该把如此多的功劳归于哈伦这个正统派。无论他在生活中是什么人，对于他心胸开阔的儿子麦蒙来说，他都是一名传统的穆斯林。作为一名波斯母亲的后代，麦蒙有着波斯人对质询和形而上学思辨的热爱。他非常鼓励对希腊哲学家进行的研究，以及将他们的著作直接从希腊语翻译为阿拉伯语，而且他还采用了一种理性主义的伊斯兰教形式，这对于阿拉伯神学者的视野拓宽有广泛的影响力。然而随后的文化来得太快，中止了哲学思想并剔除了伊斯兰教，所以阿拉伯文化采取了狭隘的形式，大致上持续到了现在。

麦蒙在巴格达的科学馆、图书馆和天文台，早期阿巴斯王朝哈里发在首都和广阔的郊外建立的宏伟建筑之一。巴格达的繁荣是短暂的，它可被称为极盛的时期的不到一个世纪，之后便成了土耳其雇佣兵的猎物。但它成为了伊斯兰世界的典范，坐落在大河边，这样的有利环

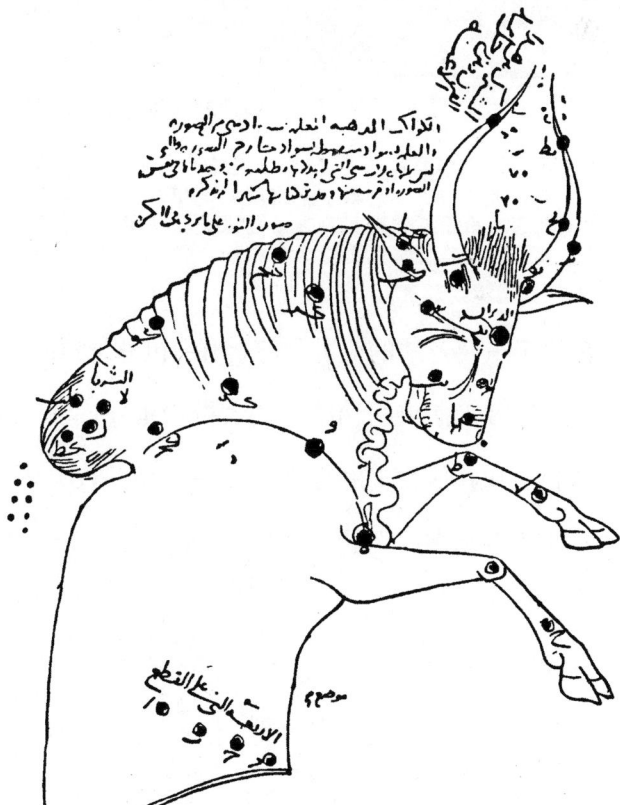

天文学研究

天文学研究，是穆斯林文化对知识做出贡献的研究之一。这是一张星座的墨水画，摘自一份来自1300年左右的手稿。

撒拉逊建筑史上的里程碑

伊本·图伦，土耳其人出身，868年他奉命管辖埃及。在他的管辖下，埃及实际上已经独立。建筑学开始进步，进步的第一个证明就是伊本·图伦本人建造的清真寺。这座"螺旋"尖塔，可以看到它高出了庭院的拱廊，看起来是模仿萨马拉的清真寺，伊本·图伦在那里接受过军事训练，其他的建筑特征也支持这项推论。

境，便于东西各地的商人往来。中国的货物和香料群岛的产品在巴格达找到了市场，埋藏于斯堪的纳维亚的大批哈里发库菲克硬币，表明了他们与北方交易皮革制品和其他物资的规模。《一千零一夜》中的辛巴达航海记，就是阿拉伯和波斯水手真实历险的写照。

2 科学和学术的发展

在巴格达的极盛时期，它不仅仅吸引了物资贸易，还一度成为了阿拉伯文明的中心。在文明史中，没有比整个伊斯兰世界对文明的突发热情更为惊人的活动了。每一名穆斯林，从哈里发到手艺人，似乎都突然产生了对学习的向往和对旅行的渴望，这是伊斯兰对普通文化的至高敬意。各地的学生涌向巴格达这样的中心地区，然后涌向文学和科学的摇篮，这就像是后来欧洲学者涌向大学，寻求新学术的浪潮，但这要惊人得多。

清真寺，在那时是伊斯兰教的大学，挤满了热切的学生，他们是来听神学、法学、哲学、医学以及数学教授的讲座的。那些教授来自阿拉伯语世界各地，按照他们喜好的方式和时间授课，没有文凭或者薪水或者学术管理。他们所有研究的基础都是《古兰经》，因此不可避免地引起了对阿拉伯语言的风雅、语法的微妙之处、语言学及注释的细致研究。来自各地的各种教授思维机敏，带着新奇视角的新思想，就像燧石碰到火绒，点燃了新的火花。

现在，《古兰经》对于阿拉伯哲学，与《圣经》对于中世纪经院哲学的关系基本上差不多，这两者在本质上来说，都是亚里士多德的逻辑。甚至，意大利大学所用标准教科书的《医学通则》（拉丁名为《医学汇编》）作者——阿威罗伊将亚里士多德敬为对神性最为清晰明了的启示者。如果阿拉伯哲学大师，在进行与亚里士多德和托勒密、伽林和希波克拉底有关的授课时，把新柏拉图派从普罗提诺和亚历山大官方解释中得出的解释混合在一起，对其希腊导师的理论没有显著的发展，那么他们至少将他们的导师的结果在新的火花中陈述了出来，还让他们的导师在广泛分布于新世界的学生中获得了知名度。中世纪欧洲所知道的希腊哲学、数学、化学、天文学、医学，大部分都是通过阿拉伯语著作的拉丁译本所学到的，这些译本在欧洲的学校中一直用到十六世纪，有的甚至用到了十七世纪。

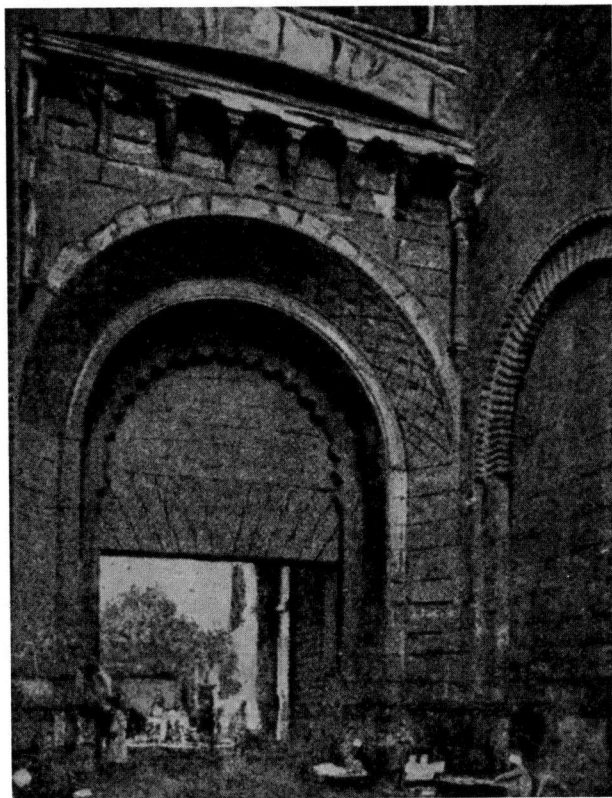

高贵的法蒂玛王朝大门

尽管伊本·图伦清真寺引人注目，但埃及艺术史上的其他图伦王朝房屋都是一片空白。直到法蒂玛哈里发在十世纪末期统治了埃及，建筑学的进步才得到了明显恢复，这座开罗大门（征服之门）是当时建筑的代表。

在数学方面，阿拉伯大师通过采用印度（或"阿拉伯"）数字——数字这个词是阿拉伯语——进行记数，取得了非常重要的进步，而且因此使代数——另一个阿拉伯词语——和三角学成为可能，因为他们引入了正弦取代了和弦。在天文学领域中，在古代对东方进行的特殊研究中，以阿拉伯语命名的天穹、天底、方位角，还有很多颗星星，都是阿拉伯本土天文学家的观察结果的证据。当然，占星术占据了他们的计算结果的很大一部分，这在那个时代是不可避免的，但在这一点上，他们并不比中世纪欧洲的观察者和占卜师更为异想天开。

同样地，化学，特别是在亚历山大人的影响下，沦落成了炼金术。这个名称表示它源于埃及，"护符"，如同"蒸馏锅"，都是源自希腊语，通过阿拉伯语传播给我们，但"碱"这个词是纯正的阿拉伯语，"酒精"这个词有少许掺杂。托勒密所著的《天文学大成》，在九世纪早期翻译成了阿拉伯语，是希腊语的标题和阿拉伯语的文章。但是，炼金师对能将贱金属转化为黄金的点金石的探索，我们还是尽可能地一笑置之吧。

在说阿拉伯语的人们的科学和学术以惊人的速度发展的同时，他们产生

撒拉逊艺术在埃及和西班牙的典型表现方式

《古兰经》中隐含的对人物肖像的限制，使几何学和装饰得到了发展，这正是撒拉逊艺术的特点，这在十一世纪开罗的西塔娜菲莎清真寺的木质"米拉哈布"或祷告利基上得到了良好的展示（左图）。在西班牙，这种艺术在阿尔罕布拉宫的粉刷作品（右图）中达到了顶峰。

了对旅行的普遍渴望。很少有著名的学者不是冒险旅行者。在东方旅行的时候会遇到危险，因此有大量关于在阿拉伯的旅行指南，最早的是路程指南；然后是地名大全或地理词典，比如雅库特（曾是希腊人的奴隶，但在巴格达受到了教育）所著的；还有伊德里西、贝克力、伊本·朱拜尔等人所著的游记。轶事史学家麦斯欧迪，有时被称为"东方的希罗多德"，曾是一名伟大的旅行者。他从巴

法蒂玛王朝时期的艺术

在柔和的光线下，闪烁着微光的各种水晶制品和玻璃制品，照亮了法蒂玛宫殿或是清真寺——在白天通过彩色玻璃小窗格过滤光线，在晚上，由上图所示的釉彩玻璃灯发光。切割水晶壶出现在十世纪，但现存最早的特有釉彩玻璃样品的年代是十三世纪晚期。

格达出发，游览了许多国家，并讲述了其中大多数国家有趣或有益的故事。其中，他在942年游览了埃及，不过这与埃及的人文科学进步并没有关系。

在所有国家中，埃及看起来有些不一般。作为伟大的亚历山大学校的领导，培养出来的学生却鲜有名声显赫的，原因可能是在伊斯兰教纪元后，在超过两个世纪的时间内，它都由哈里发指定阿拉伯种族的统治者管辖。这些阿拉伯的代理官员，最关注的事情就是从农民身上搜刮尽可能多的税金。第一任真正伟大的统治者，塔克·阿哈默德·伊本·图伦（868年），用财富和能力将文人骚客吸引到了他的都城，但在这之前，埃及还没有产生任何杰出的学者或神职人员。埃及民众大多是劳工，忙着耕种和灌溉肥沃的土壤。

但是，在伊本·图伦这名埃及和叙利亚的实权国王统治下，建筑学开始进步。到当时为止，清真寺都是非常简单的方形围场，但他的清真寺则不一样。这座清真寺位于开罗的郊区，因其大中庭由尖形砖拱门环绕。它被称为"阿拉伯"或撒拉逊装饰风格的早期形态，成为了一座里程碑。它的建筑师是一名科普特人。阿拉伯人没有促进艺术的发展，因为《古兰经》非常不赞成艺术。直到十世纪的埃及，从法蒂玛王朝受到巴格达正统派谴责的什叶派的王朝的哈里发开始，一些数千年来一直很著名的艺术才在这片土地上兴盛。建筑的图案精美，有漂亮的蔓藤花纹和几何图案，在圆屋顶上巧妙地运用所谓的"钟乳石"过渡，这是撒拉逊艺术的特征，并在摩尔西班牙取得了它最丰富、最复杂的进化成果。

法蒂玛王朝，因为是"异教徒"，所以对肖像没有偏见，甚至委托波斯艺术家制作了舞女的图片。在欧洲的博物馆里，有由法蒂玛艺术家雕刻的精美象牙工艺品、雕花银器及水晶工艺品。这些统治者非常鼓励艺术和制造业，他们还占有了西西里岛，并非常喜欢西西里岛的刺绣。这些统治者的巨

非凡的镶嵌工艺品

这一叙利亚青铜大浅盘的局部，有图案装饰和锤击嵌银蔓藤花纹，显示的是人们可能在开罗法蒂玛王朝宫殿或后继王朝中发现的那种财宝。

大宫殿，形成了开罗的核心，我们猜想，那儿曾经满是奇珍异宝。那时有虹彩光泽的精美陶器、釉彩玻璃，亚历山大和开罗的丝绸如此精致，以至于一件长袍都可以穿过一个指环，还有制造者在三角洲的庭尼斯皇家工厂中生产的各种物件。

3 阿拉伯文明盛行欧洲

对于欧洲人来说，最有趣、最重要的，当然是阿拉伯的影响力向西延伸。法蒂玛王朝通过他们的舰队，将阿拉伯文明和撒拉逊艺术品和商品带到了基督教世界的港口。撒拉逊人曾长期占据着地中海的一些岛屿。从九世纪到十一世纪中两个世纪的时间内，占据着马耳他，马耳他语言至今仍是阿拉伯语的一种不纯正方言。在九世纪和十世纪，他们还控制着撒丁岛，更重要的是西西里岛，在那里，他们的继任者诺曼恩壮观的建筑物的主要风格是撒拉逊建筑风格。在十世纪，撒拉逊人和他们的阿拉伯文明，的确对欧洲学术起到了传播散布的作用。西西里岛的诺曼恩保留了一种近乎东方式的庭院，其人口主要由"异教徒"组成，他们的硬币上有阿拉伯语的铭文。伊德里西，是一名旅行者和地理学家，地球球体的识别者和记录者，他出生于1100年的休达，在哥多华受到教育，受惠于开明的罗杰二世，居住在巴勒莫直至去世。

西西里岛另一名伟大的国王，霍亨斯陶芬王朝的腓特烈二世，他在1215年登基，他是那个时代最为开明的人，被誉为"世界奇迹"。他非常热心地鼓励阿拉伯学术和哲学，甚至于被怀疑是一名叛徒。

阿拉伯文明流行于欧洲的大学，正如撒拉逊风格的"阿赛米尼"艺术作品，还有玻璃制品和大马士革钢制品，充满了伟大的意大利共和国的集市。那里有为东方商人预留的"商队旅馆"，同时，比萨和威尼斯获得了在亚历山大建立领事馆的许可。甚至在法国，尽管查理·马特在图尔取得了决定性的胜利，遏制了阿拉伯的征服大潮，但撒拉逊人仍然在普罗旺斯保留了一些影响力，摩尔山区不仅保留了摩尔这个名字，还保留了他们的城堡。吟游诗人的短诗和普罗旺斯的诗歌，都有着与西班牙的阿拉伯诗歌显而易见的密切关系。

西班牙的辉煌时期比得上摩尔，并最终超过了巴格达哈里发的辉煌程度。巴格达之所以辉煌，是因为种族融合，其中阿拉伯起的是次要作用，但在西班牙，阿拉伯元素无足轻重，当时的要素是非洲的柏柏尔和基督教的哥特，还加上非常重要的犹太智慧。奇怪的是，大马士革的倭马亚王朝对文学和哲学非常不感兴趣，而他们的哥多华后代却因文雅和对文学的支持而扬名于世，他们的统治被知名哲学家所推崇，并用动人的诗歌来美化。

从亚里士多德，到伟大的西班牙穆斯林哲学家阿威罗伊，这之间有大约十五个世纪的时间。亚里士多德的逻辑方法，通过了一段漫长曲折的旅途，从雅典传播到了安达卢西亚。如果亚里士多德的"逻辑"是工具或"工具论"，那么阿拉伯人就是将那种工具从东罗马帝国带到巴克特里亚的溪流。巴克特里亚曾被亚里士多德的学生亚历山大大帝所征服。最后，亚历山大将这一种科学方法带回了欧洲，在沉睡了数个世纪后，欧洲已经准备好了被希腊文明所唤醒。

在漫长的旅途中，它依次转变为希腊文化、基督教、伊斯兰教；它曾以叙利亚文化、阿拉伯文化、拉丁文化的形式出现；它汇聚了来源于埃及、波斯、印度的附属文化；但承载珍贵宝藏经历所有变迁的溪流却是阿拉伯语。一种语言、一种宗教的凝聚力使阿拉伯文明的鼎盛时期成为可能，阿拉伯文明将希腊和罗马的遗产保留并传承到了现代世界。阿拉伯自身拥有大量值得纪念的文学作品，但世界最应该感谢它的是，当欧洲充斥着盲目无知时，它在古代至高文明的保存和传播中做出了重大贡献。神奇的阿拉伯语和其学生的热情为文艺复兴做好了铺垫。

第五章
天才的
中国艺术和文学

翟林奈【编】

翟林奈：大英博物馆东方印刷书籍和手稿部助理馆长，《论语》英文版的作者。

国泰民安的唐朝与诗歌

历史重演这一定律在中国似乎特别适用,因为中国历史持续的时间比谁都要长,因此更容易看到历史重演的影子。总而言之,导致汉朝和唐朝建立的外部环境有奇妙的相似之处。在这两个朝代中,都有几乎处于无政府状态下的长时间混乱,都是继一个短暂的,能将其意志强加于交战各派的朝代之后。

但是,建国之后,唐朝(公元618—907年)达到鼎盛时期的速度要比汉朝快得多。后者的辉煌时期几乎到汉武帝(公元前140—公元前87年)时期才开始,而在唐朝,仅仅在李世民怂恿他的父亲设法登上皇位的十年后,他一继位就出现了太平盛世。

促成唐朝早期辉煌的原因中,最为重要的就是统治者的性格。汉朝的建立者是一个未受过教育的军人,他的成功大多数要归功于他机敏的军师,几乎不能认为他是一名伟人。李世民则完全不同,他的谥号是太宗(伟大的祖先)。李世民的父亲李渊,当时是一名都督,通过对首都的控制获得了一些威望,在首都,他玩了一手老把戏,将傀儡皇帝推上了皇位,后来他自己篡位称帝。

但是,单凭李渊一人,无法完成向众多对手宣示权威的艰巨任务。对他和中国来说幸运的是，他的二儿子李世民，是一个相当不凡的人。李世民拥有冷静的头脑和不屈不挠的个性，这促使他成为了一名大将，让他在十年的时间里就完成了平定。那时，作为对他功劳的奖励，他的父亲让位给他，他开明的政治才能超过了他的军事天赋。在李世民统治的二十三年里，从政治上考虑，可能是中国历史上最为美好的时代。他的国内改革为教育和学术提供了极大的动力，而他的外交政策则产生了一个从太平洋延伸到咸海的帝国，他在朝堂之上的名望甚至传播到了拜占庭统治者的耳中。

唐朝还产生了两位伟大的统治者，其中之一是一名女人——武则天，她篡夺了这个国家的至高权力，掌权多年，她残酷、反复无常且不道德——俄国沙皇叶卡捷琳娜的原型。但仅仅凭她能让自己掌权那么久，并统治这么庞大的一个帝国，就不能不迫使我们敬佩她。

最后一名伟大的统治者是唐玄宗（712—756年），他是一个性格复杂的人，更难以客观地评价。在他漫长的统治生涯的前半段，除了喜欢不顾一切地发动代价高昂的战争外，他的管理几乎没有任何差错。但他的血液中有一种致命的性格弱点，再加上自我放纵，最后给他自己和帝国带来了灾难。在许多方面，尤其是他对文学和艺术的支持，就像法国的路易十四一样，就算是十七世纪的巴黎，也从未见过像唐玄宗那

李世民心爱的军马

尽管是他的父亲夺取了皇位，但李世民才是唐朝（618—907年）的真正建立者，那时是中国艺术、文学、力量全盛时期，他为他的六匹军马建立了一座纪念碑——矮壮的蒙古马，其肖像显示出中国雕刻家的技巧。

样，成功地将数量众多的诗人和画家聚集在一起，并吸引到他的宫殿里。

唐朝诗歌，特别是在八世纪中期的壮丽喷涌，它代表着一个国家的一段历史。在这里，我们必须注意到，在唐朝的统治下，就像八百年前在汉朝的统治下一样，出现了一种新的国家统一和国家强盛的意识萌芽，尽管它很少——可能永远不会出现在诗歌中——不能用言语表达，但还是深深地影响了中国作家的思想，并间接地使他们的思维变得更活跃。与此同时，我们不能因某些时期的辉煌而忽视了中国文学必不可少的连续性。

现在，流传到我们手上的最古老的诗句可能有三千多年了，中国的古诗有四言诗、五言诗和七言诗。四言诗是早期颂歌以及孔子整理歌谣的一般标准，晚期诗歌中最常用的是七言诗句。五言诗句在汉武帝时期开始流行起来，此后其流行度一直与七言诗相差无几。后两种韵律造就了大量的中文诗歌。

这种诗歌中的押韵非常多，以至于看起来似乎是浑然天成的，不需要多大力气就能信手拈来。但恰恰是英国语言基础的重音，在中国语言中被音调变化所代替。众所周知，汉字的发音，每一个汉字都有声调和音调变化，与西方人用以表达惊讶、怀疑以及其他情感所用的语气类似。在中文中，音调是每一个汉字不可分割的一部分。一个汉字当以不同声调发音时，也会有不同的意思。

声调给予了中文诗篇高度的韵律感。西方人除了以一种纯粹传统的短语说话式"歌唱"，似乎已经忽视了诗歌主要是用来取悦耳朵的事实。中国人习惯于低吟或咏颂诗句，而不是像西方人这样默读，否则他们的效果就会差很多。

英语、法语和其他欧洲语言的翻译，使得《诗经》大为人知以致不需要太多的讨论。这些朴实的小歌谣，是在周朝（公元前1046—公元前256年）前期从中国各地收集而来，是自孔子时代以来经常研究的课题，它们对文学的影响一直都是难以估量的。

在接下来的三个多世纪的时间里，诗歌似乎被哲学所取代，后来流传下来的重要诗歌，属于不同的种类，如《离骚》，这是一位忠臣被其忘恩负义的国君所罢免，在遭遇不幸时所发出的悲叹。这是最长的中国诗歌之一，其句子长度不一，共超过370句。

② 多元发展的汉唐文化

汉朝（公元前206年—公元220年）产生了一些近乎一流的著名诗人，但总体上，其产量无法与唐朝相比。最为著名的就是被简称为《古诗十九首》的作品，它们的作者未知而且相当短，总共只有252句。除了诗经以外，它们对后世，特别是对唐朝诗歌的影响是无与伦比的。

这里有一首关于牛郎和织女——我们所知的牵牛星和织女星——的古老传说的诗。他们是恋人，但被银河所分隔，银河被认为是天宫之河，他们每年只能在七月初七的夜晚见一次面，那时会有喜鹊组成一座桥，让织女可以穿越：

迢迢牵牛星，皎皎河汉女；

纤纤摸素手，札札弄机杼；

终日不成章，泣涕零如雨；

河汉清且浅，相去复几许；

盈盈一水间，脉脉不得语。

汉代形成的最有特色的作品种类是"赋"。这种文体介于诗歌和散文之间，根据时代的潮流或作者的倾向，向诗歌或散文倾斜。顺便提一下，从散文到诗歌的过渡在中文中可能没有那么剧烈，因为好的散文，已经很注重节奏韵律的平衡和对称。

汉代的经典学术，特别是历史类，比想象类文学更丰富。司马迁的大作被作为纪传体史书的模范。如果说他是中国最著名的史学家，那对于《左传》的作者来说是不公平的。在一些评论家的眼中，《左传》是所有古代文学中最为美妙的文章。

汉王朝瓦解之后的混乱局面持续了几个世纪，使政治追求变得危险且无利可图。很多人在走上仕途后，发现他们的能力失去了价值，他们的野心被彻底地挫败。厌倦了生活的不幸，很多人避世隐居，以寻求哲学和宗教提供的安慰。但这种诗情画意在多少有些悲观的佛教中没什么吸引力，他们为了更快乐而宣扬道教主义，因为它具有浪漫、神秘、彩色的元素。尽管点金石不可企及，人们发现酒是能在转眼之间将"沉闷的生活金属转变为金子"的"至高无上的炼金术师"。

于是，诗歌在第三和第四世纪主要与玩世不恭的作风和酒精有关。七名的年轻诗人组成了一个文学"俱乐部"，他们自称为竹林七贤，非常著名。他们都酒量惊人，其中一人这样描述他自己：

以天地为一朝，万朝为须臾，日月为扃牖，八荒为庭衢。行无辙迹，居无室庐，幕天席地，纵意所如。止则操卮执觚，动则挈榼提壶，唯酒是务，焉知其余？

陶渊明，其在晚年自称陶潜，在他

唐代艺术缩影

唐代画家擅长描绘动作，这不是后期中国艺术的特点。这一幅男性"仙人"或道教神仙骑着山羊的图，被认为是韩干所画（约725年）。

新艺术的发展：龙门佛像雕塑

云冈石窟（北魏）的一些雕塑有一点生硬，大多数情况下，印度的影响力几乎已经淹没了本土天才。但大约一百年后，河南龙门石窟开始进行相似的装饰（约500—800年），在这里我们发现，艺术和佛教概念已被这些中国性情所同化。产生的结果，是一种阳刚、充满了宗教感的艺术。如这两个"天神首领"所示。

的身上我们看到了最纯净、最光辉的道教精神。他是一名满足于避世隐居、过着隐士的生活、享受最简单的乐趣的诗人，他对自然之美有着强烈感觉。这种精神形成了他著名的诗意散文狂想曲《归去来兮辞》赞美他隐居乡下的生活。陶渊明毫无疑问是汉代到唐代之间的杰出诗人。下面是他的诗句的摘录：

结庐在人境，而无车马喧。

问君何能尔？心远地自偏。

采菊东篱下，悠然见南山。

山气日夕佳，飞鸟相与还。

此中有真意，欲辩已忘言。

王羲之也是一名小有功绩的作家，但他的名气主要得于他在书法上的成就，他在这门艺术上被公认为领军人物。在中国，手写体的艺术处理非常重要，所以书法家备受尊重，其地位与画家几乎是旗鼓相当。绘画艺术在中国的发展看起来相当晚，至少我们关于汉朝的画家和画作的信息要少于阿佩莱斯。据说有一两位不错的画家在三世纪享有盛名，但第一个具有非常重要意义的名字是顾恺之，他与王羲之是同代人，比王羲之的年龄小。

因为幸运，这名早期艺术家对我们来说，实际上比任何唐宋年间的艺术家都要知名。1903年，大英博物馆获得了顾恺之的《女史箴图》，这幅画作是在义和团起义期间，从故宫中取得的。画是长轴形式，由一系列女官告诫宫女的场景组成。《女史箴》是一篇写于三世纪的短文，至今尚存。虽然这些图的很多地方已被人笨拙地进行了修复，并用新鲜的颜色进行了润色，但留下了足够的本原创作，能显示出它是名副其实的大师作品。那些人物画得极好，其线条之美在后世从未被超越；景观反而带着原始特征，让人回想起一些早期的意大利画作。这幅画作是不是顾恺之的真迹尚有争议，但无论如何，它是这名艺术家留存的作品之一，显示出当时的人物画已经达到了成熟水平。

顾恺之去世（约406年）的时代，在北魏拓跋皇帝的主持下，开始了著名的云冈石窟的雕刻。在众多的石窟和挖空的悬崖中，充满了佛教神灵的雕像和塑像，这是一种新的艺术形式的诞生。图案精细，工匠们是以一种无与伦比的有节奏感的优美方式进行制作，当然也有一些在处理上还是表现出一定

唐朝艺术的独特样品

这一绿黄釉高岭土的塑像大小超过真人，表现出了唐朝艺术家的能力，它可能来自直隶一座山的神庙。这是一尊罗汉（中文对阿罗汉的译法，或是佛陀的弟子），有一种迷人的魅力，它人性化，却又安详超然。

的不成熟性，这可能归因于鞑靼的灵感元素。这在河南龙门石窟中没有再发现，龙门石窟始建于公元500年左右，整个过程维持了大约三个世纪。这里是中国佛教艺术的最高点。

汉代建筑几乎没有留下任何样本，雕塑通常都是小件的铜器、玉器或陶器。后来，发明了将硬度、亮度、耐久性结合在一起的清水漆工艺。其造型艺术，在被佛教影响改变之前，已经远远超出了起步阶段，这一点得到了汉朝晚期的墓穴中发现的精美浅浮雕的证实，特别是在孔子故乡山东省的西南方发现的武梁墓。在这些浮雕中，人物的刻画简单而巧妙。

3 佛教与中国

在四世纪，佛教在中国的影响力开始变得显著。外国僧人络绎不绝地进入中国，在335年，中国人自己也开放了僧职。华北建立了大型寺院，十之八九的百姓都选择了这种新的信仰。鸠摩罗什是众多经文译者中最受欢迎的一个，他的《金刚经》译文可能比其他任何一本书的读者都要多，当然不包括儒家经典。在印度排名二十八，在中国排名第一的佛教鼻祖菩提达摩，在520年渡海到达了广州。后来，他又从那里去了位于南京的朝廷。他教导说，宗教不能从书本上学习，一个人应该在自己的心中找到佛。这种教义与道教有许多类似之处，它们的根源都是在宋朝达到完美的神秘艺术、象征艺术。一系列中国僧人为了收集宗教经典和走访圣地，找到了通往印度的道路。

就在佛教重塑甚至彻底改造几乎每一种艺术形式时，只有文学未受影响。在王维（699—759年）以前，我们没有发现一名一流作家的作品中表达出了对这种外来宗教的一点兴趣。这在一定程度上，是因为佛教第一次占优势的时期，恰逢整个文学出现了低潮。在陶潜的诗歌艺术之后的两个世纪内，人们创作了许多，但很少有人可以超凡脱俗。诗歌都很美，但都肤浅，用一名批评家的话来说，"全都是花月夜"。

4 唐代的伟大诗人

在创作才能方面，唐代诗人要远远优于他们的前辈。很多外国人无法体会其作品风格的精妙，他们认为唐诗形式的价值往往大于其内容，实质不如方式重要。对他们来说，中文诗歌可能会令人不满意，因为它缺少主体或内容。但这种批评，在很大程度上是由于对中国诗人为自己设定的理想的误解。中国诗人不希望对其主题进行详尽无遗的探讨，而是更喜欢给读者留出巨大的想象空间。他们的目标是打开思路，而不是去追求思路的长度，比如，不去详细阐述景观引起的情感，而是要找到合适的词语，给出关于他的情感的提示。总之，中文诗歌的重点在于简略、有启发性和整齐。正是因为唐朝诗人将这三大重点如此完美地结合起来，才使得他们的作品一直是后代的榜样。中国艺术的含蓄，也表现在其对含蓄和细腻着色的喜爱上；粗野的描绘和强烈、粗俗的印象不符合他们的审美。人们指出，他们最喜欢的季节是春秋两季，几乎没有人描绘夏天，这对他们的情感来说太过华丽了。

一位明代作家将唐朝分为了四个阶段：第一阶段约为唐初一百年；第二阶段大致与唐玄宗统治时期相同；第三阶段大约止于835年；第四阶段止于唐朝结束的907年。大多数著名人物都出现在第二阶段，其中最著名的是杜甫和李白。

李白是一个真正的自然之子。他的想法可能不深奥，但表达得非常细腻，他的诗歌有成为不朽的"斟酌后精妙的表达"。他还是历史上最著名的酒鬼之一，尽管中国有对酒当歌的传统，人们也绝不会想到最伟大的诗歌由一名很少清醒的人作出。这一篇是典型：

> 涤荡千古愁，留连百壶饮。
>
> 良宵宜清谈，皓月未能寝。
>
> 醉来卧空山，天地即衾枕。

而这首诗则显示了他对悲情的精通程度，没有一丝多愁善感：

> 明朝驿使发，一夜絮征袍。
>
> 素手抽针冷，那堪把剪刀。
>
> 裁缝寄远道，几日到临洮。

杜甫的想法则由更为微妙、更为精致的元素组成，同时，他的范围更宽，从许多方面触及到人类的思想和情感。他没有李白那么放荡不羁，但他的性格也有一些躁动不安的成分。为生计发愁时，他沉思了生命的短暂本质，迅速逼近的衰老及其软弱，个人希望和理想的虚无；他没有李白的无忧无虑，也无法借酒浇愁。他的诗句在品质上比图片更具写实性，而且往往比晦涩难懂的典故更有意义。在他的这些诗句中，我们很少会错过"人性的悲歌"这一回响。相对来说，他被翻译的诗歌较少，很多都几乎无法翻译。这是他致李白的诗：

> 不见李生久，佯狂真可哀！
>
> 世人皆欲杀，吾意独怜才。

敏捷诗千首，飘零酒一杯。

匡山读书处，头白好归来。

这个美好的时代见证了中国最光辉的诗歌的诞生，所以这是中国最辉煌、最具活力的艺术的生产母体。吴道子的创作生涯几乎与慷慨地赞助了所有精美艺术的唐玄宗的统治时期完全相同。不幸的是，我们不能肯定这位大师亲手所创的原画是否流传至今，我们被驱使着从各种藏品中的数张据称是他的作品的后世复制品的图片中，形成对他惊人的力量和精湛的制图术的认识。例如在大英博物馆中，有一张很大的图，名为《佛陀圆寂》，由一名日本艺术家所临，还有一幅阴刻石雕的拓印，展示的是一条蛇缠绕着一只龟。这两幅画无论是构思还是组成都非常了不起，让我们意识到，人们对吴道子的赞扬并不是夸大之词。

吴道子风格的模仿品

伟大的唐代大师级画家吴道子的作品。没有流传下来，只有一些据称是复制品的画作和石刻。这一幅龟蛇图，设计出色，刻在成都的一块石头上，可能是他风格的模仿。

尽管白居易否认道士之名，然而这位唐代第三阶段的伟大诗人似乎深受道家理念影响。他反对日益矫揉造作、晦涩难懂的诗歌措辞，倾向于写作时简单直率。他对自然真挚的爱和对老百姓的同情，总让人想起华兹华斯。人们很少将其与杜甫和李白相提并论，但他古朴亲切的诗句敲出了一种特殊的现代音符，这对读者来说非常具有吸引力。下面一首诗，《失鹤》，还从未被翻译成英文：

失为庭前雪，飞因海上风。

九霄应得侣，三夜不归笼。

声断碧云外，影沉明月中。

郡斋从此后，谁伴白头翁。

在唐朝出现了那么多伟大人物后，唐代最后一阶段可能出现了一些衰退。但如果不是一流作家的星辰布满了整个天空，很多作家都会显得更亮。其中之一名为韦庄，他的功绩可能不值一提，之所以能在文学界受到关注，是因为在敦煌发现的一首流行民谣，这首民谣曾非常著名，但失传已经有900年了。在这首民谣中，韦庄记述了在公元881年，首都遭到洗劫时，一名落入反叛者手中的女性的经历。下列诗句，展示出了一座繁华的城市经历暴风雨之后的可怕景象：

长安寂寂今何有？废市荒街麦苗秀。

含元殿上狐兔行，花萼楼前荆棘满。

昔时繁盛皆埋没，举目凄凉无故物。

内库烧为锦绣灰，天街踏尽公卿骨！

5 中国的印刷术

在继续之前，有必要说一下印刷术的发明，目前众所周知的是至少可以追溯到八世纪。根据记述，有人认为发明者是一名叫冯道的人。他是一名非常圆滑的政治家，侍奉过四代帝王，卒于954年。但也有一些中国作家说，印刷开始于隋朝，在冯道之前约三个半世纪。真相似乎就在这两个点之间。

斯坦因爵士从敦煌带回的中国手稿中，大约有十二份是印刷的，其中四份有确切的日期，最早为868年；这个日期出现在一张印制精美的卷轴上，卷

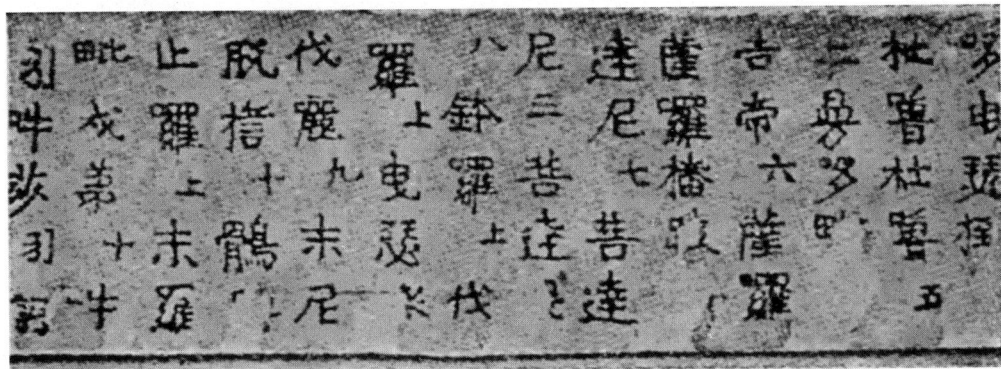

最早的中国印刷品

这些中国佛教护身符以黑色和红色印制，可追溯到八世纪。在日本编年史的一个条目中发现的文献证据证实，在公元770年，像这样的护身符印刷了一百万张。

轴有十六英尺长，里面是完整的《金刚经》，还有雕刻的卷首。粗略地看一下这个卷轴，可以明显看出印刷的工艺已经达到了高度完善的水平。所以，自第一次印刷实验起可能已经过去了一个世纪。这个推断得到了日本编年史的一个条目的支持，这个条目记录了在770年印刷了一百万份佛教护身符。这些护身符每张都有大约一百个汉字，粗糙地印刷在长方形纸片上，至今仍留存了一些，其中一张在大英博物馆。由此得出结论，某种印刷术在中国起源的时间一定在770年之前，而且要时间足够长，在那时才能被带到日本，可能

九世纪为复制佛经进行雕版印刷

斯坦因爵士的发现，揭示了中国发明雕版印刷的时间。千佛石窟中发现的这一部分卷轴是最早的注有日期的样本（公元868年），而其结尾则表明，雕版印刷发明于一个世纪之前。整张卷轴有十六英尺长，里面是一篇中文译本的佛经《金刚经》。

会成为唐玄宗统治时期的另一个见证。

无论是否真的是佛教徒的发明，佛教徒似乎将印刷术垄断了许多年。他们发现，用印刷术印刷护身符、祷文、佛经，是一种令人钦佩的"积德"的方法。直到冯道展露了雄心，才使儒家开始仿效，产生了儒家经典的第一批印刷版。此后，印刷术很快就达到全盛状态，宋朝版本仍被作为做工优美的典范受到热切地追捧。

当然，说到现在，也只有针对雕版印刷的引证。而活字印刷术也是在中国发明的，时间是在十一世纪中叶，有一名现场目击者能为我们详细讲述其过程。活字一开始是用黏土制作，然后是锡，当然也有木头。但是，这种新发明没有以任何方式取代雕版印刷（直到引进了现代科学方法），因为雕版印刷更适合非字母文字的中文。

印刷术对中国文学的主要影响是什么？在很长一段时间里，它似乎完全没有任何影响，更不能与它带给欧洲的知识革命相比。但必须记住，印刷术出现在中国和西方时，这两个地方的文化发展阶段是完全不同的。当古腾堡开始活字印刷时，欧洲的国家才刚刚开始摆脱中世纪的长期停滞状态，而且除了意大利外，文学都还在初级阶段。在中国，印刷术出现时，刚好是中国的鼎盛时期，辉煌的文学已经存在了一千多年，诗歌、历史、哲学的顶峰已经达到，这股潮水必将走向衰落。

西方的印刷术是世俗发明，也用在了世俗中。在中国，首先是佛教教会意识到了这种新发明的巨大潜力，并使它们在传道中大显身手。但在最后，多亏了冯道的深谋远虑，儒家也平等地享受到了印刷术的好处，诚然，儒家在宋朝的复兴，可能间接因为印刷术使儒家经典的普及成为了可能。

⑥ 中国宋朝文学

宋朝（公元960—1279年），从开始到最后，都有困境需要抗衡，其中最主要的是蒙古入侵，最终，中国在历史上首次被异族所征服。这是出乎意料的，因为宋朝本该能够将文学和艺术发展到仅次于唐朝的地步。他们的独创性和宏伟构想可能与我们在唐朝作家身上发现的不一样，此时诗歌和散文的品质都更明朗、更和谐和更精致。作文规则得到了更深入的研究，措辞也更为精炼。在十一世纪才华横溢的作家之中，有两名需要特别关注，就是欧阳修和苏东坡。欧阳修，历史学家、散文家、诗人，他是一名公认的文言体大师，他的作品中似乎都散发出一种特殊的魅力。他的轻松感，以及使他能真正投入哲学思想的神韵，在他最受尊崇的两部作品中可以被视为最为突出的优点。《醉翁亭记》和《秋声赋》是他的代表性作品。

一样多才多艺，甚至更有天赋的，是比欧阳修年轻，且与欧阳修同时期的苏东坡。他在中国诗人中的排名非常靠前，不容争议。他将高雅与深沉的情感结合在一起，对自然的描述充满了浪漫的、令人难以忘怀的美丽光芒，像这样的中国诗人从古至今没有第二个。这是一首绝句：

> 春宵一刻值千金，
>
> 花有清香月有阴。

马远的浪漫景观风格

唐代及更早期画作重视精确和细节，宋朝也继承了这一点。但有一群画家形成了一种采用淡色和模糊的线条的"浪漫"风格，南宋画家马远是其中之一，这种风格在他的作品《月光泛舟图》中非常明显。

歌管楼台声细细，

秋千院落夜沉沉。

同样的对自然的亲切感从各个方面渗透到了宋朝的画作中。西方人对唐朝的景观艺术了解甚少，甚至完全不了解，很难想象它达到了比郭熙、米芾及其他宋朝大师的画作更惊人的高度。当时的宗教绘画很知名，宏伟、神奇的佛教圣徒像比比皆是。李良民笔下展示出的构

树枝上的鸟：宋朝的艺术瑰宝

这一名匿名艺术家的美妙习作，是宋朝绘画学院的作品，比李唐和马远的朦胧景观要普通得多，每一片羽毛和每一片叶子的脉络都有属于它们自己的位置。然而，使宋朝诗歌有生气的对自然的相同感觉在两者中都很明显。

图与色彩的平衡与和谐，在西方只有拉斐尔的杰作才能与之相比。

在历史和哲学的领域，可以明确地说宋代要优于唐代。司马光二十年不懈辛劳的成果《资治通鉴》，是自汉朝后，同类作品之中最全面，同时也是最出色的；宋代思想家朱熹的著作中的儒家系统，在原创性和深度上达到顶峰，只有早期的哲学思辨才能与之相比。

在对中国文学的调查中，人们会不由自主地被其发展速度之缓慢和其对公认形式的固执坚持所震撼。新起点和突飞猛进都很罕见，但一旦一种新的文学形式获得认可，就会成为民族遗产，并会在后世中再次出现。因此，汉代早期采用的五言和七言韵律，成为了唐宋写

完美的形状和完美色彩的结合：宋代釉陶

我们不知道中国第一次制作瓷器是什么时候，从文献上看是汉朝，但我们所拥有的最早的样品是宋朝的。它们全都涂着单色或彩色的釉料，而且很少像后世的瓷器那样描画。左边，菊花瓶的颜色是棕色和白色；右边，是哥窑裂纹瓷器。后者是一个姓张的陶艺家在十二世纪发明工艺制成，他可能采用了不完美烧制中意外产生的"开片"。

中国庙宇中的木雕

在木制雕塑的领域里，宋朝观音像几乎与罗汉陶器相并列。它由许多片木头组成，曾被一层以高超技艺涂上的薄薄的石膏所覆盖，多数都已脱落，部分得到了修复。

作优美诗词的工具，从那以后，再也没有潮流能取代它们。同样的，韵律规则在至少一千三百年前就已制定，尽管在很多方面它们都不自然，但它们也都一直有效，直到1911年辛亥革命后，它们才受到了严峻的挑战。

中国古代所有文学体系中都出现了相同的保守主义。第一部"标准"史册，为公元前一世纪司马迁所著。之后，断断续续被其他人仿效，全都是仿效类似的句子。大概与黑斯廷斯战役时期相当的宋代创作中，语言和风格出现了值得注意的变化，这其中有短文、编年史、论文。这种极度缓慢的发展速度，让我们难以分辨其是否停滞，在一定程度上，一定是归结于其书面语言坚定不移、不可变更的性质。一个字，不论其音还是其义，与两三千年前一样明白易懂。

所有的口头语言都会发生改变，中文也不例外。毫无疑问，唐朝的中文发音与现在的肯定非常不一样，如果这种发音变化反映在笔画中，那么中国人读李白一定比英国人读郎兰和乔叟更加艰难。实际上，他们的整个古代文学对于任何一个学习了他们的文字的人来说都是开放的，这些文字不会有拼写变化，而且大部分文字保留了它们在孔子时代就已承载的意义。

因此，中国的伟大作家，比起西方的，更可能实现"不朽"。有那么多文献的营养可供使用，难怪中国人的品味保守，对创新充满怀疑。蒙古征服的猛烈冲击，似乎是应要求让他们暂时走出了他们那历史悠久的老一套。无论如何，在忽必烈建立的较短的王朝里，戏剧和小说这两块处女地第一次得到开发。

第六章
哥特艺术的
伟大时代

G.鲍德温.布朗【编】

G.鲍德温.布朗：法学博士，英国不列颠学会会员，1880—1930年，爱丁堡大学美学教授，著作有《美学》、《英格兰早期艺术》等。

兰斯大教堂

就像罗马式建筑来源于早期的简单巴西利卡式建筑形式一样，哥特式建筑也是从罗马式发展而来。只不过这一次，无论从建筑形式还是创新形式上来看，变革都很大，以至于在很多人看来，哥特式建筑拥有一种神秘的光环，首次现身，从天而降，跟之前的建筑风格毫无关系。下面要讲的内容，从一方面来说是一系列力学变革的实际物质结果，从另一方面来说，却是当时那个地区社会和宗教生活的反映。

笔者还记得自己第一次瞥见兰斯大教堂时的情景。到达的时候已是晚上，人生地不熟，借着月光，我注视着前方：下面漆黑一片，但上方却沐浴在银色的月光之中，这座中世纪最为高贵华丽的建筑就屹立在那里。

地面上是三个巨大的洞穴似的黑暗空间，它们共同构成了坚固的底座。洞穴之间有细柱拔地而起，延伸至饰有卷曲树叶的高空尖顶，而细柱之上，带有壁龛，里面有各式人像，庄严肃穆。这部分独立于整个建筑，在它们后面是正面外墙。石雕上的窗饰参差不齐，巨大的窗户覆盖了整个前面巨大而高耸的空间。中心部分向上延伸到了一个尖角山墙，两边向上的线条则集中到了西侧塔楼上的两条主垂直线上。为了平衡垂直线的主流作用，在教堂的较高处，有一排雕塑。很显然，他们全都戴着王冠。在清晨的阳光下，原先看起来如此神秘莫测、如此动人心魄的建筑其实只是基于其用途的理性产物，但在人类的想象力和感性意识看来，却极具吸引力。

现在让我们来分析一下兰斯大教堂的外墙，就从晚上看起来好像"巨大的洞穴似的黑暗空间"开始吧！它们其实是宽敞深邃的入口，通过这些入口，可以进入到教堂里面。入口的外部特别宽，三个入口就横跨了整个外墙。入口的门廊很深，两侧向内倾斜，经过一段距离之后，在真正的门口汇聚，而门口又被一根中心柱子分开。这也是法国哥特教堂的一大特点，在这一点上比英国要先进很多。

亚眠美丽的神

在哥特式建筑中，门口的中墩用来展示主要的雕塑作品——此处显示的是在亚眠（十三世纪）中著名的基督。

这种深度到底是如何做到的呢——因为仅仅靠西侧墙的厚度是没法儿做到这一点的。其实是入口两侧的垂直柱子发挥了作用。从建筑学上来看，这些柱子是必不可少的，通过延伸出来的石柱的形式，它们为方塔的四角提供了支持。通过设计这种倾斜的侧柱，利用了突出部分，就好像增加了墙体的厚度。

侧柱还被进一步用来发挥其艺术作用。我们刚刚已经说过，真正的门口被一根柱子分开。毫无疑问，它是整个建筑中最为显眼的地方，所有进入教堂的人都能看到，因此，间柱被选来展示最为重要的装饰性雕塑，而两侧的倾斜侧柱上则刻有同样与中心雕像相关的人物。

石头上刻有圣母玛利亚的故事

兰斯大教堂的间柱上刻有圣母玛利亚，因此，两边侧柱上的自然是路加福音开篇的人物。这张图片显示了左侧的四位：约瑟夫、怀抱圣婴耶稣的玛利亚、西面和安娜，他们全都参加了基督讲道。注意看人物之间的联系是通过手势或头部动作来表现的。

值得注意的是，这一切看起来都非常自然简单。侧柱被巧妙地加入到整个建筑中，但它们不能就那么空着什么都不刻，可以做一些随意装饰，它们其实也是一种表达思想的载体。于是，侧柱上就刻满了与中心雕像相关的人物，也就是整个装饰计划的"中心思想"。门廊上面是拱顶，术语叫作拱门饰，而在它们的拱腹处，一般都有突出平台，上面有许多附属的小雕像。这些深凹处提供了大片的阴影，同时支撑起较轻且多变的上层建筑。上层的垂直拱壁中有凹进去的壁龛，放置着雕像，再上面就是尖角了。

　　从美学上来看，教堂前面靠上部分那一排雕塑对于平衡整个建筑中绝大多数垂直线条向下的趋势有至关重要的作用，但其历史价值在于它实际上是对"王室拱廊"的庆祝。我们随后将会看到，十二三世纪，王室权力同建筑风格关系密切。

❷ 哥特式教堂的建筑特点

常见的拱门多是半圆形（至少在罗马式建筑中是这样），由数量不多的较大石头相互紧密组合而成，紧密却不至黏合或是夹钳，这些石头称为拱石。拱石呈楔形，侧面线条全都由中心发出，而半圆形的拱背和内弧面也由此形成。通常会选一块特别大的石头放在拱门最上部，这块石头叫做拱顶石，不过拱顶石并不是必需的。

所有这些石头都有重量，因此要使它们固定在预定位置，就需要为其提供支撑力。而这种支撑力分两种：无论对材料做过何种处理，由于固定负载，都会有一种向下的趋势，从而产生建筑学术语所说的"垂直压力"，这种压力可以通过墙壁或是柱子轻易中和解决。还有另外一种压力，要想理解中世纪拱顶结构中所面临的问题，必须首先弄清楚这种压力，这就是侧压力或"推力"。顾名思义，这种压力不是作用于垂直方向，而是作用于侧面。

我们可以采用一些建筑策略来增强拱门加腋处开裂的阻力，这里有两种方法，分别是罗马式风格中的"封闭"拱壁系统和哥特式风格中的"开放"拱壁系统，后者还包括常见的"飞拱"技术。

罗马人留给中世纪两种拱顶建筑方式，一种即常见的隧道或筒形穹顶，这种结构在现代铁路隧道中非常常见；另一种就是所谓的"交叉穹顶"或

"穹形穹顶"，这实际上是筒形穹顶的一种虽简单却极具创新性的修正。一个筒形穹顶，在正确的角度与其他跨度类似的筒形穹顶按照一定规律交叉，就形成了交叉穹顶。从内部看，需要特别留意类似筒形穹顶的交叉线，它们在下面特别明显，但到拱顶的顶部时几乎消失不见。这些被称为"交叉拱"，因此才有了"交叉拱顶"的名字，这一特点在建筑中时有出现。

显而易见，拱门建筑中压力完全适用于拱顶。而在一个完全由楔形拱石构成的筒形拱顶中，两侧会遭受持续不断的压力。如果不能中和抵消这种压力，加液的接缝处就会出现裂口，毁坏也会随之而来。而另一方面，在一个

支撑拱结构图

本图给出了拱门的主要组成部分、相关术语、需要承受的压力以及两种对抗压力的方法。如果无限纵向延伸，整个结构同样适用于筒形拱顶。

扭曲部位

拱形圆顶部位的犁铧是由墙拱支
撑形成的，见图。

交叉拱顶中，虽然原来的筒形拱顶和后来插入的其
他拱顶会受到同样的压力，但这些压力可以互相抵
消，最终出现一个神奇的结果，那就是全部压力都
集中到了角落，即"开间"上，而整个拱顶又被划
分成了一个个开间。

如果在这些点下面都建造支柱——不会受到向
外压力影响的支柱——那么整个穹顶就会如同一顶
华盖，下面也不再需要墙壁支撑，而只需要几根坚
固的柱子支撑。在巴黎圣礼拜堂的圆顶地下室也许
就能看到这样的拱顶。

然而，弯形拱顶并不能满足当时的精神需求。
或者说，无论怎样，它都没有获得任何荣誉。但是，在十一和十二世纪中，
它成为了改变和实验的主题，并且在哥特式拱顶的演变中终结。

对于哥特式建筑的构造侧面，第一个进展是引进砌体投射肋。它位于交
叉拱顶中的交叉拱之下，从而将交叉拱顶变成"肋架"拱顶，横肋将相邻的
托架分开。另外，使用肋架本身没有任何投影。其与罗马筒形穹顶和法国南
部和勃艮第地区的早期罗马式建筑相关。

在开间角上固定肋架，似乎可以确保其固定性。然而，在实际操作时
立即出现了困难。原始罗马拱顶的交叉拱线是一条平坦的曲线，或者半椭圆
形。肋架是由拱石构成的，拱石形状适合并且安装合适。其形状不能是经济
结构，因为拱石切割是十分复杂的，因此，肋架是半圆形或者弓形，那拱石
样式与建造半圆拱使用的样式也就一样。

现在，在顶点部位，半圆形肋架比半椭圆形肋架高。结果显示，经处理

的弓形广场的范围将不再是平的。但是，在广场中心的方向，各开间和圆顶一样上升。在原有的拱顶上，四个拱顶是各个广场的边界，并且它们的高度一致，因为它们均是统一筒形穹顶的拱门。两套四个拱顶的名称不同。在主空间的方向，原始纵向筒形穹顶被覆盖，并且被称为"横向拱顶"。其通过主空间，该主空间可能是教堂中殿。其他均被称为"墙拱"，因为它们靠在教堂中殿的侧墙上。现在，这两种双拱门的高度是通过其跨度进行固定的。因为每个半圆的高度仅为其半径长度的一半。因此，尽管可能提升每个方形开间的顶点，但是必须保持其边界拱门的位置不变，并且圆顶式形式是不可

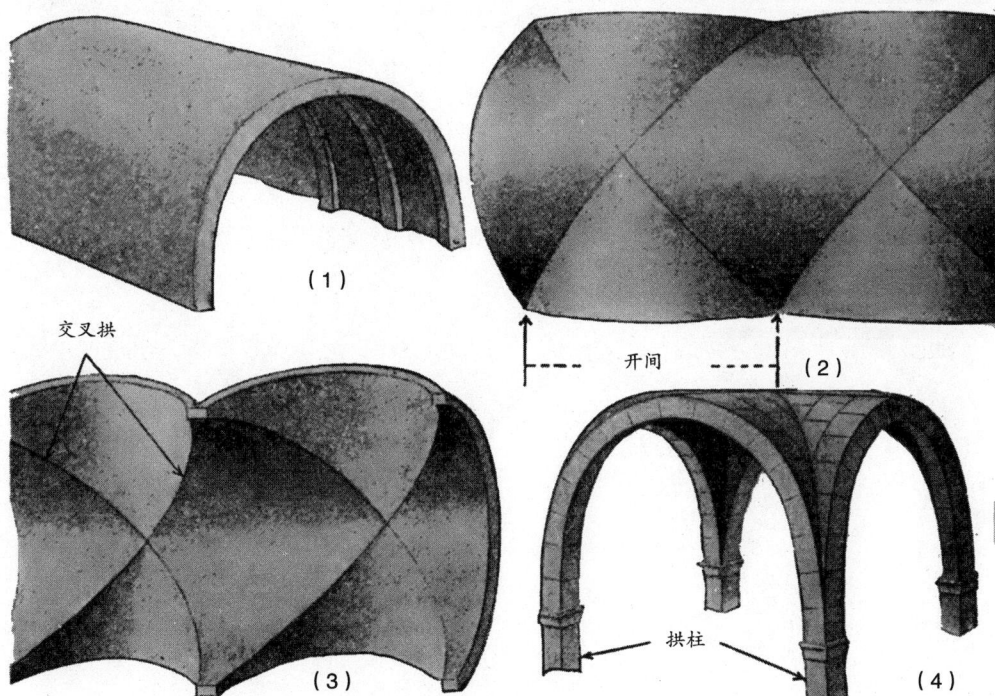

罗马人理解的筒形拱顶和交叉拱顶

从逻辑上来，哥特式拱顶的原理来源于简单的筒形拱顶（1）；有时候会呈肋状，如欧坦市的建筑。两个同样高度的半圆形筒形拱顶以正确角度相交则形成一个交叉拱顶，交叉部分称为"开间"（2）；内部图（3）展示了交叉线，或者称为"交叉拱"。这些交叉拱的一个原理就是侧压力和垂直压力都集中到了四个角落，因此，只要四个角落（4）得到了足够的支撑力，开间就会岿然不动。

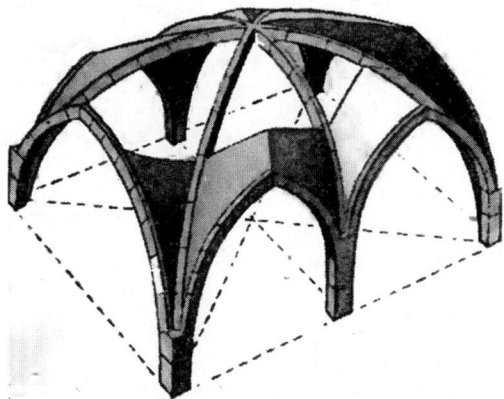

六肋拱穹顶

在六肋拱穹顶中，交叉拱将拱顶平分成六部分，而不是四个拱顶部分；并且在每侧各有两个拱门，而不是一个拱门。

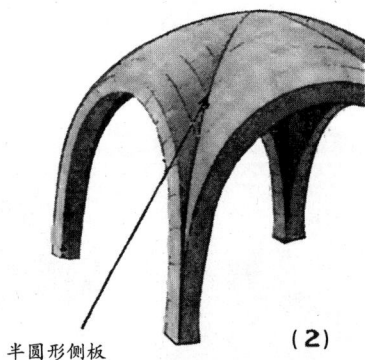

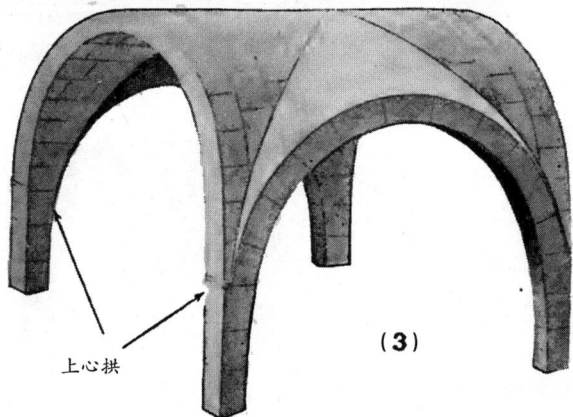

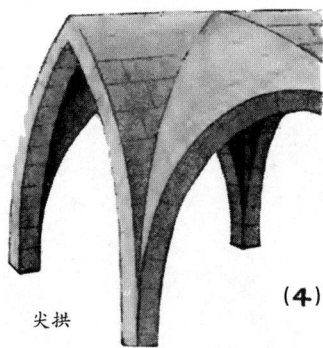

（1）

侧板

部分

椭圆形侧板

半圆形侧板

（2）

（3）

上心拱

尖拱

（4）

交叉拱顶的成功实验

经实验发现，最容易先建立交叉拱，如大梁，并且用轻型材料将该"部分"填充，从而形成"肋架"拱顶（1）。然而，交叉拱是半椭圆形，因此很难切割拱石。如果交叉拱是半圆形，那么它将比边界拱门（2）更高。并且，在纵向方向，连续的托架可以互相支撑。两侧拱顶是不稳定的。从更高点，或者"支柱"（3）进行起拱，从而将侧拱提升到交叉拱的高度；但是最终的解决方案是尖拱，它可以提升到任何高度（4）。

避免的。

当侧墙上存在侧向推力时，原有拱形平顶点的优势就会丧失。并且，我们不再将托架的整体系统看作石头天篷的构成部分，也不再需要墙壁，而是仅用少量的硬性立式支座作支撑。现在，墙壁或者类似事物，需要抵消新的横向推力。

人们决定避免这一点，并将墙拱顶点提升到与开间中心相同的高度。起初，这些只能通过使用可以支撑墙拱的笨拙设备来完成。也就是说，不在立柱的适当基础而是在其顶部开始构建半圆，并且使用立柱可以提供所需要的额外高度。完成这一建设的重要阻碍就是当完成其区域时，其中各角扭曲。为了克服这一阻碍，建筑师引进了新设计。最初只是对相对轻微的缺陷进行机械补救。但是不久之后，它就在通用拱顶结构中占据了较为重要的地位。这项新的设计就是尖拱。

尖拱不属于哥特式建设者的发明，但是事实上，尖拱在亚述人时期仅偶尔使用。作为一种建筑形式，它有两种特点，即审美性和建设性。通过切割半圆形拱的中央部分，并且通过一点连接两个剩余部分，从而形成尖拱，并且每侧始终是弓形。由此产生的形式具有清晰性和决定性，同时还具有优雅性。

虽然不必要，但是尖拱通常会比具有相同跨度的圆拱更高，也就是说前一种方法的侧面比后一种方法的侧面更靠近垂直面。由于这一特点，法国罗马式筒形拱顶以及勃艮第欧坦地区大教堂中经常使用尖拱，以此减小它们的横向推力。

尖拱的一个更有价值的特点就是"灵活性"。由于在跨度的高度和宽度之间没有固定关系，较高的尖拱可能从窄基底和宽基底开始上升。正是由于这种特点，使得尖拱作为一种元素，在哥特式建筑中具有特殊的价值。在此，墙拱需要给予额外的高程来改变尖拱中的坚硬的圆拱，并且解决全部困难。它提供了必要的高度，同时，它克服了拱形区域内棘手的"犁共享"扭曲。同样很容易给横向拱提供尖锐的部分，从而使顶部高度与墙拱顶部高度一致，并且恢复拱顶拱背的平整度。然而，肋架交叉拱顶的构成并没有满足

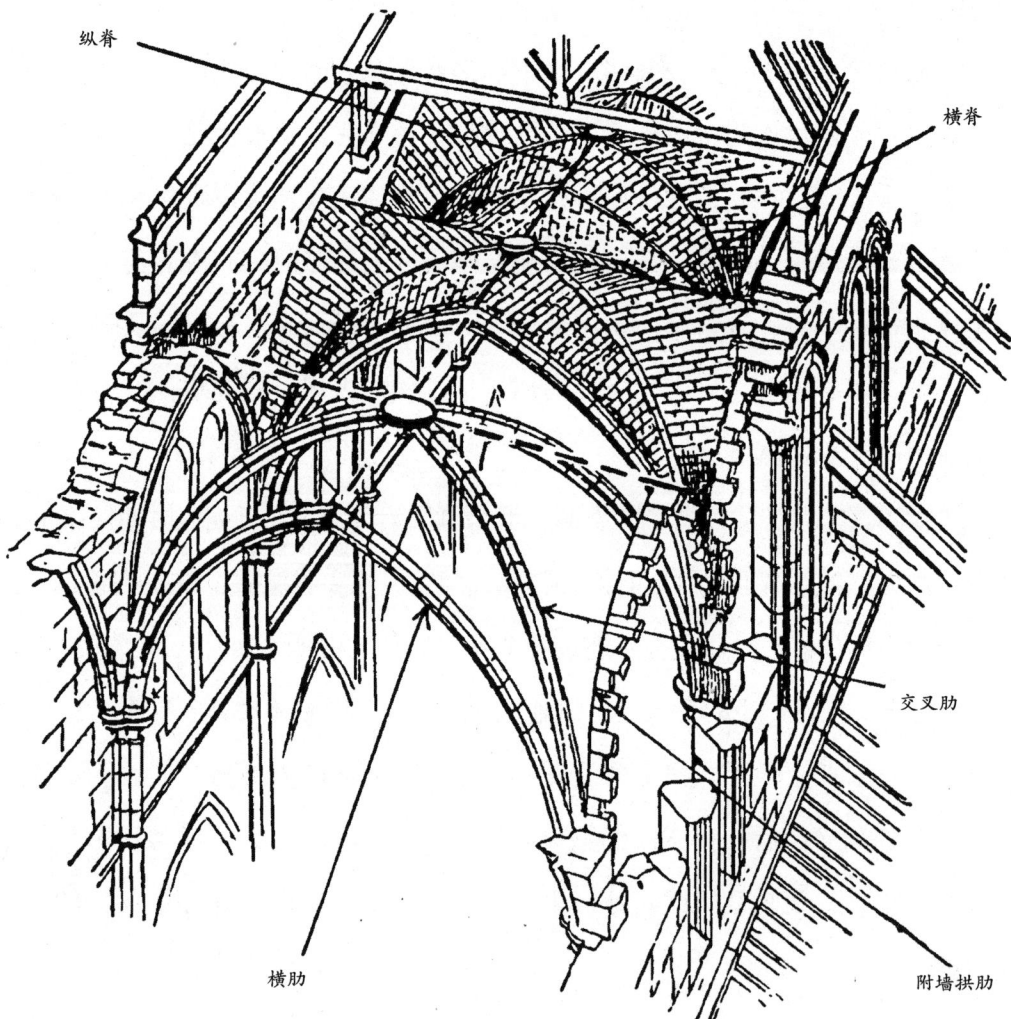

实际使用的哥特式拱顶

随着矩形开间的发明，出现了哥特式拱顶，后来在风格中增加了额外肋架，它可能会掩盖其根本的计划。理想图显示了实际使用的计划，需要注意的是哥特式教堂的可见屋顶是木材和瓷砖的不定盖。

十二世纪的建筑感觉。

首先，该区域被细分成不同的形式。然后有一段时间，"六肋"拱穹顶比较受欢迎，在拱顶最初广泛应用的领域中墙侧形状被分割成两个窄的部分，每个部分的宽度均减半。在得到这些实验的最终结果之中，一个重要的步骤就是拱顶从罗马式向哥特式的大胆转变。在这项转变中，使用两个矩形托架更换原来的方形托架，矩形托架的面积为原来方形托架的一半。从当时建筑专家的角度来看，这一改变具有很多优势，并且这种转变在哥特式拱形建筑中得到广泛应用。

哥特式拱顶非常容易呈现椭圆计划中此类拱顶的建设，并且完全实现其灵活性，从而使得尖拱可以辅助哥特式设计师的设计。窄墙拱可以毫不费力地达到横向拱的长度。尽管它们的跨距加倍，但是通常正如我们所见，半圆对角线的长度远远小于大广场角到角之间的距离。如果需要的话，可以轻松确保拱顶拱背的平整度，并且非常多的哥特式拱顶显示了一定的圆顶式特点。

3 巴黎圣礼拜堂

对于哥特式艺术的正确理解，必不可少的就是了解所有的美丽、难以捉摸的优雅、其形式的有趣复杂性、赋予其光环的所有浪漫和诗意，也就是散发物，是如何来自立体结构的。

巴黎圣礼拜堂是建立在已经注意到的拱形圆顶地下室，并且属于十三世纪中期哥特式建筑充分发展阶段的哥特式艺术的完美例子。一进入该建筑，给人印象最深刻的就是水晶房子，因为其中没有墙壁，而几乎全部都是彩色玻璃的。它们是不连续的，如果我们仔细观察，会发现其中的细长立式柱子不时进行划分，并且如果顺着它们向上看，就可以将它们看作是支架，其上支撑着石头顶棚。我们刚刚已知道，它就是椭圆形托架的肋骨拱。

此外，为了抵消我们对其弱点的印象，我们注意到其使用一个支架来加紧和固定轻型玻璃屏幕。其形状是石墙薄支架的形状。虽然比较另类但是很优雅，并且其分布巧妙，从而使大部分表面都处于保护之中。当我们注意到外侧时，立即解决了通常建筑师头痛的主要项目——墙壁不显示的问题。那些墙壁，虽然出现在那儿，却没有位于正确的位置。究其原因，请看下面的文字。

我们可以假设连续面板中已经呈现了原始墙壁，并且已经通过直角旋转

巴黎圣礼拜堂中的艾里亮度

我们已经了解到拱顶类型的缓慢演变，即哥特式建筑的石棚，但是这只是那些导致成熟哥特式建筑的许多机械变化之一。交叉拱顶式开间只需要支撑它的四个角落，但是，这在墙外侧枢轴部分适用。这种设计导致集中在所需点的正常支撑功能，并且留下空隙，从而可以在彩色玻璃中进行自由地创造。圣礼拜堂的外侧显示了机械原理，内部（以上）显示了艾里亮度，这似乎违反了石头的性质。

沙特尔大教堂中的彩色玻璃

在法国，最优秀的彩色玻璃设计位于沙特尔巴黎圣母院中，它们建于十三世纪。这一著名的例子表示的意思是圣丹尼斯（戴奥尼夏）正在祝福十字军东征的骑士。

每个平面，从而为每个建筑物附近石墙提供实体墩。这种设置是为了抵消拱顶的外向推力。这些支柱集中到一点，并且该点集中了交叉穹顶压力。当拱顶墙拱下的全部空间和支柱间的空间是完全空虚的时候，我们可以使用一种窗台石墙填充，并且是围绕着地板上几英尺处的内部。现在，该空隙空间是由精致的彩色玻璃屏幕和石雕窗格支柱填充。

此类墙壁消除是一种哥特式特点，但实际上，其也是最有特色的特点，因为它强调了严密的逻辑性。这种逻辑性决定了其建设，并且使得哥特式建筑在建筑风格中具有特殊位置。关于哥特式其他特点，有时被引用为非常重要的风格——飞扶壁和尖拱——前者真的不过是一项事故，而后者，尽管是必要的元素，但也仅仅是一种达到目的的手段。

为了理解其中暗示的内容，我们必须将注意力从圣礼拜堂这类小型、简单且无侧廊的建筑转移到更大规模的充分发展的结构建筑。几乎所有第一代哥特式建筑的伟大法国教堂都可以作为范例。

让我们以扶壁系统为例，因为我们可将其与圣礼拜堂中的扶壁进行对比。在亚缅大教堂中，我们必须处理过道两旁的中央空间，并且过道不得被无数的砌石阻塞。此处使用的是墙体面板，我们可以看到的部分在圣礼拜堂中被用作扶壁，并且从拱顶接触中移动。在侧廊外侧建筑物外，它被作为支柱放置，并且与拱顶角落相对。但是，过道的宽度将其分开。然后，从拱墩处向拱肩处安放砌体拱从而建立联系。如果没有满足其侧向压力，那么该结构将打开。

在此处，不是通过惰性质量来平衡推力，而是通过跳顶拱的背压来平衡推力。如果拆除主拱，那么它自己将立即让位；正如在跳顶拱不在其上的时候，主拱将自动移位；两者是互补的，从而确保其稳定性。扶壁拱之下是完整的远景，这对于侧面过道来说是必需的。

它采用在一个方向上使用背压，而不是通过所谓的"罗马"系统（有时被称为"哥特式建筑的原理"）中的惰性质量，来抵消其压力。实际上，其中没有相关的"原理"，它

过道和飞扶壁

圣礼拜堂由"封闭"系统支撑。亚眠大教堂中的这部分设计了用于展示如何使用飞扶壁的"开放"系统来为中殿两侧神圣队伍提供无障碍通道。

法国教堂的"礼拜堂"

在法国教堂中，尽管很少出现在英语中，保留了老教堂的拱点东部。围绕着它的是连续通路，并且延长了过道，作为显著美之一，这项安排被称为是"礼拜堂"。

只是建筑师根据其建筑计划而采取的安排。

必须强调的是，哥特式的本质是在特定点上集中拱顶压力和随后消除正常支撑（墙），然后其材料被保留和用于其他地方的扶壁墩。在亚缅，可以看到壁拱下和立柱间是如何成为窗饰固定的彩色玻璃的屏幕，正如礼拜堂中的一样。

当然，建筑的安全是必不可少的，主拱顶应该具有绝对的稳定性。现在，如果对上述内容进行认真称重，那么将极大地提高该相对较小部分立柱的稳定性。然后，我们刚刚叙述的顶尖超过拱墩高度。

但是，这个基本上是石头，它们的重量能达到整个建筑的竖向重力，这样的建造是可以确保其能承受侧向压力。其中，顶尖属于额外的东西，不属于结构的基本元素。其不位于其附属物之内，并且清晰可见。因此无论如何，它都适合被改进，并且这些改进可以让它成为整个建筑计划的艺术珍宝之一。

4 哥特式建筑的世界发展

现在，法国伟大的哥特式教堂的一项特别美好的功能就是赞美，即合唱团东部或圣坛底的赞美。它摒弃了原来的早期基督教后殿，现在被修改，改用先进的中世纪设计。其中包括对底面平面图的丰富，即延长中殿原有的侧廊，从而让其唱诗班席两侧的过道具有东方元素。后殿后侧是圆形的大胆设计，从而围绕内部完成列队行进路径。使用拱形门洞刺穿后殿的墙壁是必要的，这样可以提供过道以外的新通信道路。

此设计进一步阐述了新通道辐射教堂是怎样进行展开的，并且成为外视图不可分割的一部分，此设计则成就了今天我们所看到的著名的法国"礼拜堂"。法国礼拜堂视图显示了如何通过开口贯穿半圆形后殿，观察列队行进路径。然后，向辐射小教堂进一步前进。通过这种方式，产生了空间外空间的哥特式特性效果。

在同一图片中，我们可以发现尖拱的另一个特征，这就是它的特定表现形式，这和它的灵活性一样是哥特式建筑的典型特性。在礼拜堂的地面层上，观看开口的拱式顶端，它们的垂直性很明显。向上观看，我们就会对这种风格的整体思路有一种"上升"的基本印象，这种印象将作为这种风格的真正秘密一样存在于我们的思想中。

圣丹尼斯大教堂高耸的拱墩

在考虑到当时哥特式的表现形式时，两种观点都有可能：这是合乎逻辑的实验结果与固定的力学定律，或者它是由于建设者先入为主的艺术目标而形成。可能两者都是事实，但是站在圣丹尼斯大教堂的人们必须意识到它向上拉近的性质，即它的"垂直性"，这是故意而为的。其大部分的西首是罗马式风格，但是这里显示的完全是哥特式风格。

哥特式建筑的创建，除了需要足够的领导者、独立和意志坚强的工人外，还需要时间。在十二世纪时，哥特式应运而生。这是一个现代世界的伟大构成时代，这个世纪已经为新的政治、社会、宗教和知识产权领域、想象力领域、情感生活和舒适优雅生活领域的运动提供了舞台。

在政治领域中，新运动导致了法国君主权利和基于现代模式后国籍的世俗统治的产生。在十二世纪，法国首都是巴黎，法国国王逐步扩大其权利范围，并且合理建立主题。其中，主题的主要关注点既不是祈祷，也不是战斗，而是和平开展贸易和农业。因此，城镇的重要性快速上升，这是首都与哥特式建筑相连的事实。

哥特式大教堂是城镇教堂，由民间工匠建成的，所以它也是主教的教会。主教的财富和影响力正在逐渐增长。当在大规模扩建，主教重建他们的

哥特式建筑的真正创造者——工匠

前哥特时代的最大教堂通常是寺院。新的大教堂是由世俗工匠建成。沙特尔的彩色玻璃窗户是通过城镇的石匠行会呈现的，玻璃上的彩色画显示工匠们正在为"国王画廊"切割拱石和为国王雕像凿边。

教会座位时，他们已经在大规模地扩展王权。

新建筑活动的家乡位于法国中心市区的王室领地。在这里，国王可以有效地行使权力。当菲利浦·奥古斯都在1223年死亡时，已经有二十多个大教堂，大多数属于新建成或正在建设的一级教堂。

对于其作用的范围和性质，我们只能发现其时代精神，而没有其他解释。无论如何，在法国北部，它是极其活跃的。此处有两个伟大且非常重要的运动，一个是关于情感，另一个是关于推理。首先是灵感的热情，其中可以发现十字军东征的结果；后者是对知识的同等热烈追求，其中产生了巴黎大学和学术理念。

十字军东征运动是主要宗教复兴的暗示，但是他们认识到某些领域中存在奉献和自我牺牲的空间。他们协助打造富丽堂皇的宫庙，从而使其体现国王至上的荣耀。他们正在做这些工作，就像他们正在从异教徒中拯救他们的神圣传承一样。

哥特式已经被称为"石头上的哲学"。正如哥特式充满了浪漫和有抱负的精神一样，哥特式仅仅是十字军东征最显著结果中的情绪热情形式之一。逻辑一致性和执行每一个细节中的数字严格性证明了上述引用的合理性。

德国哥特式引进了法国哥特式中已存在的东西，其发展也没有完全脱离早期罗马式风格，并且这赋予了它特定的人为性，从而使得其相当缺乏审美情趣。比利时教会的哥特式建筑接近法国的形式，并且其塔楼特别好，例如布鲁塞尔的安特卫普、梅赫伦和圣古都勒大教堂的塔楼。在西班牙，我们遇到了一个真正处于艺术实施阶段的建筑，感觉它是完全的哥特式风格。当我们来到意大利地中海区域时，强烈地感受到哥特式属于北方，在南方几乎从来没有感觉到它的浪漫和神秘，而这些正是哥特式的必要元素。

附近树木茂盛的英国哥特式珍宝

索尔兹伯里大教堂是哥特式风格建筑的典型代表，在英国它已经被自然化，它属于十三世纪的建筑，它的尖塔（473英尺）在英国最高。它与位于拥挤城镇的法国大教堂的主要区别就是其附近有森林，环境清幽。

在英国哥特式艺术形式中，并没有法国哥特式中存在的建设性利益。尽管其靠近法国奥古斯特同类哥特式，但是英国哥特式仍保持其自己的特色。在建筑细节的多样性和美丽上，它是无与伦比的。即使在人物雕像中，也有不可比拟的雕像是属于英国的资产。英国线条，尤其是早期的哥特式时代，其特色和亮度超过法国。在相同时代的树叶雕塑中，由于法国的作品太过自然，英国雕刻者的手法更适应建筑的特性。

关于哥特式的长期使用，我们很自然地想到弗兰德斯市伟大的公民和商人大厅，以及一些威尼斯宫殿。相比而言，荷兰教堂建筑不是很重要。但是在十四世纪下半段，商人们对建筑产生了新的需求，他们要求建筑应该适合进行贸易和开展正式会议。伊普尔纺织会馆是最早的哥特式建筑，并且展示了早期哥特式建筑的简单性。

然而，特别具有启发意义的是后来的布鲁日市政厅，其开创了类型建筑的先河。建筑师没有用世俗类型的建筑来塑造他的设计，只有唯一的教堂形式；尖锐的屋顶具有装饰栏杆、中央和两个角落顶尖，高且窄的窗户几乎和其立面一样高。布鲁塞尔最好的市政厅具有教堂屋顶，但是它具有世俗化的窗户，三个顶尖的中央段被建造成高塔。现在，市民中心，例如布鲁日的钟楼，已经成为弗兰德市的重要建筑。

布鲁日市政厅中展示的世俗化哥特式建筑

对于用于世俗化目的的哥特式建筑，其最好的体现就是在法兰德斯。布鲁日市政厅始建于1376年，是此类建筑的相当早期的标本，其反映了太靠近教会模型而受到的限制。例如，高大的窗户不适合世俗目的，三个尖顶是仿效扶壁的尖顶，并且看起来是毫无作用的。雕像也缺少统一的计划，给人颜色鲜丽的印象。

第七章
中世纪的
武器和战争

C.J.福尔克斯和约翰·福特斯克【编】

C.J. 福尔克斯：北美精算师学会会员，伦敦塔军械库及帝国战争博物馆馆长。
约翰·福特斯克：法学博士和文学博士，已故温莎城堡图书馆馆长，著有《英国陆军史》等书。

1 锁甲时代

自最早人类文明时期乃至当今，有关武器制造与盔甲制造之间的竞争就从未停歇。原始人类最先发明了简陋的武器，但不久之后，就将目光转向了防御这些武器的盔甲制造，由此这种竞争代代相继，不过始终不变的是盔甲制造总占据着优势地位。无论剑、矛或者火器制造多么完美，武器制造者总能发明出相对的防御装置进行反击。十七世纪，盔甲在对抗早期火器的竞争中始终处于压倒性地位。在可行范围内，还可生产出适用于战舰的装甲，用来对抗最重型的枪炮。但在上述两个例子中，防御优势最终反而变成了无法容忍的重负，导致其退出了实际使用。

英国诺曼及撒克逊时期之后的防御盔甲时期（在此不直接关注），可大致划分如下：

锁甲时代（1000至1300年前后）。

锁甲至板甲的过渡时代（1300至1400年）。

板甲时代（1400至1600年）。

衰落时代（1600至1700年）。

指引我们对诺曼时期盔甲研究最为重要的发现来自贝叶挂毯。尽管其上所呈现的器物简陋且几近原始，但也展示了诺曼时期防御时所着不同类型的穿戴，为世人提供了一定的宝贵参考。其头盔为圆锥形，由2块或4块甲片竖直拼合而成，统一边缘固定，其上用铆钉钉有"护鼻"，或可称为护鼻装置。躯体护甲则在很大程度上体现为填充织物或者皮革服饰，但其中还有圆圈护甲形式的迹象，可能代表着小型应用板甲或者金属环，也可能是艺术家试图重现"锁甲"的复杂质地。

这种交错圆环式织物的名称源于拉丁语"毛衣"（意为相互咬住的网）一词，意大利语称之为"网格"，表示网，由此形成"锁甲"一词。这种防御盔甲可能源于东方，至十六世纪末仍在使用，甚至在当今还被用在防御暗杀行动中。在1914年至1918年战争过程中，它经受考验，被应用为面甲，保护眼睛不受弹片伤害。

这种锁甲织物的劣势显而易见，锁子甲或衬衣全部依靠肩膀承重，而且衣袖的重量使得持剑变得极其困难。除此之外，人们在实践中还发现锁甲在手臂弯曲时的折叠性不佳，妨碍下臂的有效使用。这导致在遭受枪矛、剑或者斧头袭击时，这种交错式圆环织物被挤进肉体，在一定程度上加剧了伤口恶化。另外，为穿戴锁甲所必要的绗缝和填充服饰，也进一步阻碍了战斗。

这种防御性锁甲造价极高。在很多年里，甚至是最显赫的领导者也更偏向使用织物或皮革防护，可能还附有一个重型金属板甲，保护胸部。在金属或其他防护用具外通常会穿一件在前及侧面有开缝直至腰部的外套，以方便骑马。这种外套着装有两个目的：其一是防止雨水或湿气侵入盔甲，二是用来展示徽章设计，以使着装者能够在战场上区分彼此。特别是在13世纪，当时的诺曼护鼻头盔被一种巨大的可包裹整个头部的头盔所取代，徽章设计就显得尤为必要。这种头盔顶端经常着皮革或轻质木材的冠状装饰，在战争中可作为集结的标志。

全身防护

图示为萨利伯爵长剑威廉，卒于1227年，着装为锁子甲，可防护全身除眼鼻之外的各个部位。

正如前面所提到的，织物或者皮革护甲上附有小型金属板甲，以进一步加强防御，而武器制造者的工艺则逐渐纯熟并更为专业，他们设计出了更大更多复杂而精细的防御装备。首先体现在对膝盖的防护上，这种设计缘于步兵在战斗中膝盖易受攻击，而两侧的盾又无法提供保护。很快膝盖防护盔甲逐渐演化为护胫甲，由此整套板甲着装成型。与此同时，盔甲锁子甲的形式也得以发展，从萨利伯爵长剑威廉的纪念碑中可以发现，至十三世纪，着装者已经完全用锁甲覆盖全身，保护头部、躯体、手臂、双手以及腿部。

最能展现这一盔甲过渡时期的证据，是英国各个教堂中的黄铜纪念碑和雕像，最早的黄铜纪念碑是位于萨里市斯托克德阿勃农的约翰·阿德勃农爵士（卒于1277年）纪念碑其从头至脚皆有锁甲装备，并配有护膝，可能为板甲或一种被称为硬皮甲的硬质皮革。在位于萨福克郡戈尔斯顿一位德·培根家族成员的黄铜纪念碑中，也发现其锁甲着装之上还附有护膝、护胫甲和臂部护甲。在斯托克德阿勃农的约翰·阿德勃农爵士二世（卒于1327年）的黄铜纪念碑中，可见更为详尽的防护形式，添加有薄片状的护足甲，保护脚部。

这种特别的黄铜纪念碑意义重大，展示了骑士的成套装备。在激烈的战斗中，这套装备必然会令人不堪重负。首先，着装者要穿戴一套绗缝服饰或"防护衣"保护躯体而不受锁甲挫伤，然后是一件带袖的链式锁子甲，接着是夹衣或者填充或绗缝防护着装，最后套上一件外套，腿部则被金属护膝、护胫甲和护足甲的锁甲套牢。

至1400年，这些防护装备变得更为烦琐。在林肯郡劳顿有一座不知名的骑士黄铜纪念碑，展示了已经演化的整套板甲装备：保护头部的中头盔或圆锥形头盔，连接于盔甲披肩或锁甲罩；锁子甲罩身；薄片状臂件，由铆钉将小金属条钉牢，便于行动；小腿、膝盖和大腿完全由板甲包裹，并有薄片状

从锁子甲至板甲盔甲的逐步演化

左为英国最早的黄铜纪念碑——约翰·阿德勒农爵士（卒于1277年）纪念碑，全身上下为锁甲装备。中间为另一位阿德勒农爵士（卒于1327年）的黄铜纪念碑，展示了那个时期的全身装置。右为位于劳顿一座不知名的骑士黄铜纪念碑，展示了1400年全套板甲装备，此外还有盔甲披肩与圆锥形头盔相连。

的护足甲裹足。其装备唯一遮蔽起来的部分是躯体盔甲，由外套覆盖，但从这种外套形式来看，也是一种防护，似乎是一种坚硬的护胸板甲，可能还可以保护背部。

头盔为十四世纪典型的中头盔。首先，正如其名称所暗示的那样，样式为盆状，属性更倾向于盔帽。其次，这种冠帽更高更尖，并朝颈部及侧面向下延伸。再次，穿戴有钢制围颈，保护颈部和下巴，或者是一种锁甲罩着装，被称为盔甲披肩，与头盔相连。十五世纪中叶，中头盔上添加了一种面甲，间或在前额处有铰链装置，但更多时候是在侧面装以枢轴。最为流行的是一种尖喙状面甲，形成了著称于世的"猪脸"中头盔。这种头盔一直沿用至十五世纪下半叶。

猪脸中头盔

图示为法国中头盔，带有盔甲披肩，起源于1400年。圆锥形头骨甲，向外突出的尖长面甲，上有供呼吸的洞孔，并在眼部留有凸缘形状的缝隙。

仅就撒克逊时期所使用的装备形式来看，这一时期的武器种类繁多。剑器笨重且异常庞大，仅适用于抵挡袭击。其平衡性也差，剑柄短且为十字形状，左侧连接有配饰或剑带，右侧配以匕首。枪矛是骑兵的主要武器装备，步兵所持枪矛较短。骑士或步兵都使用狼牙棒和斧头，后者在战斗中所使用的武器更近似于农具。

弓在最早历史阶段的长距离作战中，曾是一种广受青睐的武器，得以初次证实的是十二世纪的弩（亦称十字弓）。当时，弩被认为是一种不正当的武器，被教皇禁止使用。1139年，诺森二世表达了对这种野蛮武器的强烈反对，但最终还是作出妥协，准许基督徒在对抗异教徒时使用。十三世纪末，弩被广泛推行使用，不过这种武器始终存在一定的缺点。长弓能够保持弓弦一直处于战争状态，随时处于发射状态，而弩则在每次发射时必须装一次弩箭，在反复安装过程中，弓箭手完全暴露在对手目标之中。

十二世纪和十三世纪的弩可能是一种非常原始的武器，由普通的弓弩简单固定在支座上，设计有用于释放弓弦的原始触发机制。十四世纪这种支座前端增加了一种铁镫，弓箭手的腰带上安有一个钩子，为了能将弓往下放置到地面，要将脚放在铁镫上，俯身将弓弦挂在钩上，然后身体挺直，拉开弓直至弓弦成V型随时准备发射。这种弩的弊端也很明显。我们发现长弓手在潮湿环境中行进时不用将弓上弦，而且能在需要时在非常短的时间内将弦装上，还能将箭放在箭袋或腰带中，或者就放在身前的地面上，连续发射。而弩手则要一直设置弓箭然后再瞄准，操作烦琐，携带弩时一定要保持上弦，这在湿润条件下是一种严重缺陷，热那亚雇佣军在克雷西和阿金库特就为此付出了沉重的代价。

很多同时代的人极力主张使用更为有效的长弓，弃用早期的火器，因为其瞄准

攻城战斗中所使用的弩

十三世纪后期弩开始得以广泛应用，但存在一个很大的缺点，在每次发射弩箭后都需要重新设置一次。此图说明了使用滑轮设置弩的操作方式。

性始终不稳定，射程更要依赖于火药，而当时最好的混合火药在某种程度上处于杂乱无章的状态。火绳、簧轮及燧发枪械的设计也始终存在一定的不稳定问题，而相对的弓箭手则没有这种困扰。在亨利八世统治时期，曾在普及剑术方面做出了艰辛的努力，但逐渐赢得局面的反而是枪械。迟至查理一世在位期间，弓箭手只偶尔出现在战场上。曾在国会军攻克牛津期间，国王有一个来自于大学成员的弓箭手团。

② 将铁板穿在身上

我们发现，在人类盔甲发展的同时，马的保护装置也进行着演化。早在诺曼征服事件中，提到的征服者威廉公爵所骑的战马就是用铁皮包裹，但同时应注意到，与此相对在贝叶挂毯上却并未出现此类盔甲，而贝叶挂毯在很多方面都非常忠实地呈现了那个时期的军事装备。在十三世纪威斯敏斯特宫绘厅的一幅壁画中，有一匹马全身都覆以锁甲，但马身更常见的防护装备是马饰以及马巾织物。十三世纪和十四世纪的泥金装饰手抄本中，经常出现填充织物的马上装备，这种交叠织物能够给马提供一定程度的保护，但也必定在战争中相当阻碍行动。

诺曼时期的盾牌为长形及鸢形，因此某些对于步兵而言的实际使用效果，在骑兵看来却极为不便。这种盾牌完全削弱了骑兵左臂的力量，极为沉重，在保护腿部或头部防护中移动困难。十三世纪时，盾牌变得非常小，形似熨斗，这种盾牌只能遮盖手臂和肩部，移动轻便，可保护面部或躯体，但完全不足以防护腿部。正是源于此，开始出现早期保护骑兵膝盖和腿部的板甲盔甲。

前文所提及的纪念碑雕像并未呈现出外套内着装的身体防御属性，但有一个例外，即十三世纪肯特的阿什教堂中一个骑士雕像，其外套两侧有开缝，露出了下方用铆钉固定在一起的水平板甲。这种躯体盔甲，被称为"条板"甲，非常近似于诺曼时期古代罗马军团所使用的胸甲，质轻灵活且比胸甲在很多方面显得更为便利。经过一定程度上坚持不懈的改进，至十六世纪末，此类盔甲成为军用装备的一部分。

英国仅存的这种外套或者"盔甲罩衣"可参见坎特伯雷座堂的"黑王子"装备。其由丝绸和帆布绗缝而成，并有英国皇家纹章刺绣。遗憾的是，就目前的状况来看，这一唯一的见证已经被尘土覆盖，年久失修，如果不加以适当维护，不久可能将毁于一旦。

位于牛津郡大图村始建于1410年的约翰·威尔寇特斯爵士黄铜纪念碑，最早展现了未着任何外罩的全套板甲装备。在其中，我们发现盔甲披肩或者是锁甲斗篷已经消失，取而代之的是锁甲围颈。围颈上有一个宽板甲护喉，经过演化，中头盔上增添了遮盖下巴、喉部和颈部的防护装备。在泥金装饰手抄本中发现的这一时期的中头盔穿戴有面甲，但同期的黄铜纪念碑中却极为少见，原因明显在于这些纪念碑意在展现已逝者的肖像，如果绘制面甲，就遮挡了面容。

衰落中的盔甲

左为约翰·威尔寇特斯爵士黄铜纪念碑（1410年），首次展现了未着任何外罩的全套板甲装备。右为位于泰姆的托马斯·卡特缅因雕像，呈现了盔甲从服从于实用性到装饰性的衰退。

胸甲和手臂中间未受保护的部分被称为"盔甲缺陷"，也就是说，这是盔甲的易受攻击部分。这个部位有两个小的可移动式板甲，以束带连接提供防护，也就是所谓的关节板、圆章或覆盖腋下的小型板甲。胸甲以下是由铆钉将一系列金属条固定在一起的防护装置，被称为护腰，用来保护臀部。

谈到盔甲制造，我们应注意到，兵器制造者会将已经发展完备的板甲装备演化成奢侈之风，成为其展现手艺的一种方式。举例来说，早在1460年，位于泰姆的理查德·卡特缅因黄铜纪念碑，就只关注装甲形式而放弃了实用性。具体表现为，肘部片通常会设计得小巧实用，而此纪念碑中该部件却被拉大，从而稍微增加了一定程度上的保护作用，但同时明显阻碍了着装者的行动，因为它多出的那一大部分会困住盔甲的其他部分，致使行动不便。

放眼整个欧洲大陆，十五世纪中期，最具代表意义的盔甲是位于沃里克的圣玛丽教堂沃里克伯爵理查德·博尚墓地中的着装。这位伯爵于1439年逝世，而雕像是在1454年建成的。此雕像对后期盔甲具有一定的借鉴意义。尽管这身装备很有可能是由于理查德·博尚在意大利参加过很多比赛，而采用了一种在英格兰尚未流行的盔甲形式。这一雕像在各个方面都具备完美性。展示了皮带、搭扣、栓口各个细节，即使通常会隐藏的后背也同样完美。这种特殊盔甲造型的一个重要特点在于凹槽，在扇贝壳曲线上有优美的凹槽表面。这些装备不仅不会增加金属重量，还能增加强度，我们发现其原因在于它采用了现在仍在使用的瓦楞铁。这种带有凹槽的盔甲设计后来被称为"哥特式"，约有50年的应用历史。

这一时期的武器形式各有变化，但只关注细节。与之前的年代相比，这个时期的剑更轻，而棒类武器则呈现出多种形状：有用于刺的矛和用于砍的戟及斧头。

3 全副武装的骑兵

十六世纪出现了新的军事战术。早期战争更多采用的是详尽而广泛的突然袭击，在没有任何重型火炮的情况下，弩也就没有必要成为非常重型的防御性装备。但十六世纪的战争更倾向于采用突击战术，马和人员都需要得到非常重型装备的保护，马匹总负重通常会超过350磅。

骑士盔甲上的枪矛

在马上长枪作战中，将枪矛水平放在右胸圆盘凹槽下方弯曲的托架上，根据身后"队列"固定位置。盾则连接于左侧胸甲，左臂上有束带袖口、护肘和肩部板甲提供保护。

轻便的枪矛被更为重型的武器所取代，这种武器需要装载一种托座或者叫作枪矛托架，连接在胸甲的右侧。枪矛统一越过马身，迎击左侧敌军。可以看出，采用这种装置的骑兵，枪矛几乎都固定在枪矛托架上，必须完全信任自己和马的突击效果，但无法阻挡步兵的袭击。因此，整套盔甲变得更为厚重，头部用一个密闭的头盔包裹，两侧可打开将头伸进去，用U型钉和钩子闭合。头盔两侧还用枢轴装上面甲,垂在脸部前方,然后以同样的方式闭合。

因此,骑兵的整个身体,包括头部、手臂和腿部全部由金属铰链板甲包裹,普通武器的攻击对其几乎没有任何影响,但是如果骑士从马上坠落,就是再蠢的士兵也能将其制服。他们通常更倾向于生擒而不是杀死贵族,因为贵族的赎金相当可观。

十六世纪马的盔甲也同样完美,说它完美,意思是说它尽可能地为战马提供保护,而同时又能让马相对活动自如。马的头部用"马头盔甲"加以保护,这是一种长形板甲,遮住马头前部,包括耳朵,而面颊部分的眼睛有时会使用打孔的凸纹板甲覆盖。颈部用"马颈护甲"包裹,这种装备是使用在凹槽中移动的铆钉或皮带,将一系列相互重叠的条状物或金属薄板相互连接而成。胸部甲片,或者"胸肩护甲"是一个大的半圆形甲片,通常向外张开呈碟状,以便于马的膝盖能够活动自如。马后面的部位则完全由牵鞍兜带包裹。牵鞍兜带由大片金属板甲组成,还在马鞍的前后端头使用金属板甲加强。

十五世纪的匠人们力图更进一步地改善阿尔布雷希特图像中所示的盔甲(1480年)。此图像收藏于维也纳的战争博物馆。

下面是全套装备组成情况:

A. 羽冠

中世纪身披铁甲的战马

在十三世纪往前更早些时期,欧洲马上盔甲装备应用尚未普及,当时采用的是锁子甲、硬皮甲以及绗缝材料。这个十四世纪的象牙西洋棋展示了马上装备有马头盔甲或称护头甲,以及白色织物装饰的锁子甲覆盖马颈和马身。

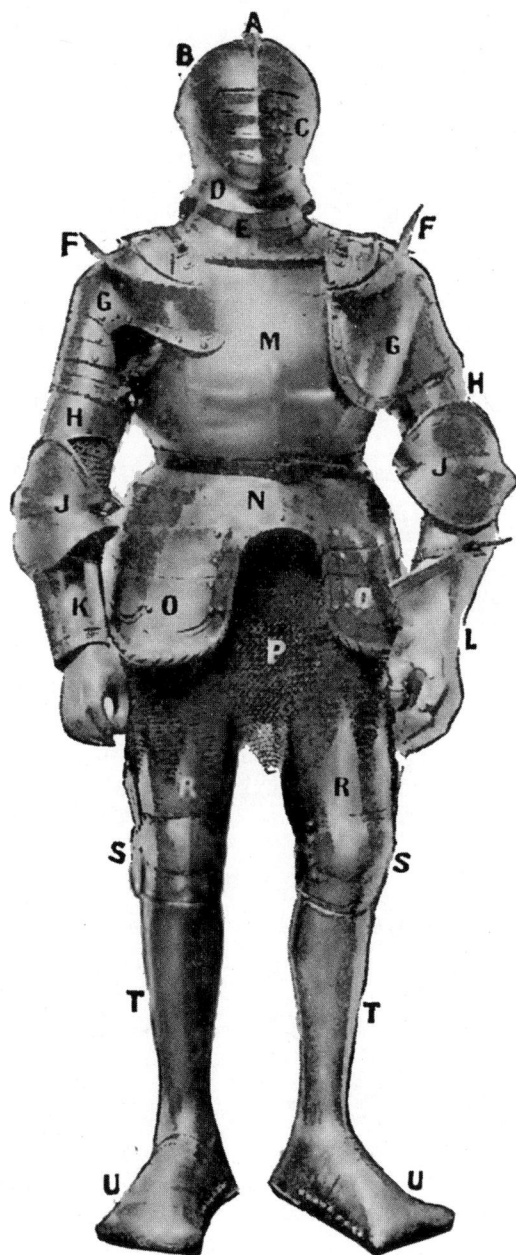

板甲盔甲甲片

盔甲有其本身的技术专用语。本章所提及的名称均在这张1550年前后的德国全套精致装备图片中标记，仅供参考。

B. 头骨甲

C. 面甲

D. 护面甲

E. 护喉

F. 护肩

G. 肩甲

H. 臂铠

J. 护肘

K. 护肩

L. 腕带

M. 胸腹甲

N. 护腰

O. 上腿甲

P. 布里奇兹（保护裆部的一块盔甲）

R. 护腿

S. 护膝

T. 护胫

U. 铁鞋

军械士阿尔布雷希特不仅将马身全部包裹起来，还将马腿用非常类似于人的盔甲所使用的铰链式防护进行保护。收藏于布鲁塞尔阿尔门中一匹马装备的护腿甲，证明这并不是画家的奇思妙想。接近于十六世纪末，马铠逐渐衰落，最终仅剩下马头盔甲作为防护。

4 不堪重负的士兵

伊丽莎白统治时期，整个欧洲大陆及其他地方兴起了长线作战，而"武装到牙齿"的整套装备严重阻碍作战行动，原本最先引入的腿甲，也最先被弃用。然后，笨重的臂甲也被一种轻型的锁甲衫所取代，而密闭头盔也弃之不用，转而采用露脸的轻盔（十六世纪戴的一种轻型钢盔，带有保护面颊的尖端和铰链连起的小片）。

十七世纪，由于相同的原因，导致盔甲再次被弃用，作战人员宁愿冒着未武装而受伤的危险，也不愿意使身体处于极度不适状态，以及因持续穿戴笨重的防护装备而妨碍行动的灵活性。

这种对盔甲的抛弃遭到很多军事专家的强烈批判。约翰·史密斯爵士（其盔甲至今仍在伦敦塔中展示）就认为，虽然火器的使用效率有所提升，但盔甲仍具有实用性。他举出菲利普·西德尼爵士的例子。其在弃用腿甲后，被子弹击中造成致命伤害，而如果当初他保留原有盔甲，局势就会扭转。迟至1756年，莫里斯·德·萨克斯元帅也认为盔甲着装有利于作战。对此，我们应该注意到，这一时期的盔甲要防御来自滑膛枪和手枪的射击，但也正是因为这样，盔甲变得让人不堪重负，作战人员宁愿冒着受伤的危险，也不愿背负着让人无法容忍的金属重量持续数天行军，并经常昏昏欲睡。直至内战结束，骑兵，尤其是保皇主义者，仍然身着四分之三的盔甲装备，穿过膝长的皮靴，步兵是力量型作战人员，抛弃了所有不必要的装备，只保留了一个宽边的"罐状"头盔和胸甲及背甲防护。钢制的金属手套被皮质金属手套所取代，持剑的手部由一个金属条制成的复杂剑柄提供保护，并逐步取代了金属手套。

就这样，板甲着装的甲片——消失。在英格兰最终保留下来的仅有一个小型镀金护喉，属军官阶层着装，直至1830年退出历史舞台。当今皇家骑兵团所穿戴的胸甲和头盔也不再具有实战意义，它们是乔治四世加冕时被引入军队的。因此，在两百年间，盔甲被送入了博物馆以及用于戏剧表演。尽管其后还发现有某些复苏迹象，如在美国内战中，北方装甲兵使用了钢衬的内防护衣。

然而，随着1914—1918年一战爆发，由于采用阵地战的作战方式以及榴霰弹导致人员大批伤亡，近似于"锅盔"的钢盔被用于作战，并且还对推广钢衬长套衫做了某些尝试，但结果收效甚微。德国军队为机枪手和投弹手配备了重型胸腹甲，近似于克伦威尔军队采用的装备，但协约国的军方则未青睐于这种着装。

5 "性能"装甲

在考虑不同类型的板甲盔甲后，人们发现盔甲制造可能更应考虑应用的特定方式、制造细节以及盔甲穿戴方式等。除对抗对应武器的金属板甲刚性外，兵器制造者发现盔甲最有必要对抗枪矛、剑器和斧头的"偏斜"表面。这种偏斜表面在诺曼圆锥形头盔上得到很好的体现，但由于某些无法阐释的原因，十三世纪时，这种头盔被改造成了平顶。这种改造极不现实，因为头顶会承受所有的打击力量。在其后的几个世纪间，出现了俗称"塔糖"形状的头盔，这种头盔就像早期头盔一样被制成了圆锥形状，因此更具实用性。

整套板甲盔甲所有部件的制造都符合这一宗旨。胸甲，通常为球状呈现偏斜表面，用于对抗武器，而在边缘处则有翻转或上翘的边缘，使枪矛或剑器的尖端偏离着装者的身体。盔甲特别注重的偏斜表面，是专为比赛而打造的。十六世纪后期，在马上长枪比赛中，着装者的左侧额外添加了大片板甲，以防枪矛刺中身体。

兵器制造者进一步考虑的是盔甲使用的便利性，为此，手臂、手和腿部甲片的结合处设计均符合着装者的骨骼结构。基于板甲服饰的一贯要求，胸甲依赖于肩部受力，在胸甲上悬挂臂甲。腿甲，可细分为"护胫"（为小腿盔甲），"护膝"（保护膝盖），以及"护腿甲"（即保护大腿的甲片），均连接于腰带，以减轻肩部压力，而在锁甲时代这是极其不利的。

十六世纪的一个手抄本（《考古学》第57卷中再现）精确地讲述了盔甲的穿戴方式。首先，作战人员会穿一件衬衫，然后是粗棉布的紧身上衣，为了通风在上面会切割有孔洞。紧身上衣连接有小方块锁甲系带或者是菱形布块，以保护板甲无法遮挡的腋窝或手臂内弯处。此外，还穿戴一双精纺长筒袜和类似于毛毯材质的短裤，脚穿皮鞋。

着装时，从脚开始用系带将金属护足甲与鞋连接，再穿上腿甲，护胫甲的外侧用铰链连接，内侧使用皮带连接。如此一来，皮带那侧最接近马匹，能够防止被砍伤。大腿用护腿甲包裹，腰部用短褶裙或锁甲马裤围裹。然后是胸甲，由胸甲和背甲组成，在顶部用金属带连接，在腰间用皮带或者小金属板甲连接。胸甲处悬挂臂甲，其由肩甲、上臂护甲、护肘以及下臂护甲组成。而后穿戴头盔，通常在前部或侧面开口，用钩子或弹簧闭合，脸部由下部防护和面甲提供防护。最后穿上金属手套。

十五世纪末到十六世纪的头盔

锁子甲外观

锁子甲是由小块钢制板甲向上相互重叠用铆钉钉牢而成的一种帆布内衬着装。通常内穿板甲装备，而暴露在表面的铆钉头则会镀金。

种类繁多。轻盔（中世纪后期使用的轻头盔，背面有一条闪光的边缘，配有面甲），起源于德国的"夏雷尔式"或壳式头盔，类型多样，范围介于轻质头盔和中头盔之间，更近似于中头盔种属类型；宽边头盔有长长的后端及面甲，这一点可参见阿尔布雷希特·丢勒的绘画；而威尼斯轻盔，则是在中头盔的基础上向前加长了头盔两侧，几乎接近鼻子，在上方为眼睛留有两个开口，这种设计颇具古希腊面甲头盔的风格。步兵的头部装甲则更青睐于采用盔帽和"锅盔"，在很多方面近似于1915—1918年期间的榴散弹头盔。与轻盔同步发展的还有一种头盔（中世纪有护颈和活动护面的轻便头盔），它将着装者的整个头部全部包裹，耳朵上方的侧面甲片用铰链铰接而成，下巴处的甲片则用钩子或者皮带连接。

我们发现在整个十五世纪和十六世纪，均采用在更为重型的板甲防护装备外套上一种轻盈而灵活的盔甲。主要有两种形式：一种是"杰克"，使用内有填料的帆布制成，上面有约1.5英寸见方的小块用线状束带拼接的铁制板甲，中间掏洞。然后在整个防护装备外再覆盖一层填充帆布，用线牢牢束紧。这种装备经常被泡在醋中，既能防止生锈又能防止生虫。"杰克"只是一种简陋的设计，但制造简单且穿戴起来也没有很大的不适感，是步兵的普通盔甲装备，有时还会用在手臂及膝盖板甲处。另一种类型被称为"鱼鳞甲"，鱼鳞甲同样采用结实的帆布材料制成，不同的是，它上面的小板甲是使用铆钉束接在帆布上，向上相互重叠，比向下重叠更能确保活动自如。整个装备外用天鹅绒包裹，用小的圆头镀金铆钉进一步加固，最终形成一种兼具实用性和装饰性的防护装甲。

⑥ 盔甲的制造者

正如上文提到的，在十三世纪和十四世纪兵器制造者的工艺被划分为两个分支，即织物或皮革防护制造（又称为织品军械），以及头盔制造。在伦敦我们所拥有的最早关于兵器制造者的记录，是1322年的一份文件，其中记录了软铠甲和其他绗缝或填充防护装备的制造工艺。其中还指出所售的头盔没有完全被丝绸或天鹅绒包裹，必须露出一部分金属，防止隐藏有问题的金属，或防止仅凭对方的说辞购买受骗。这种盔甲覆盖方式使用至十六世纪，一直得以很好的传承。它可防止金属生锈，同时隐藏经抛光处理金属表面所发出的光芒，防止被敌军发现，其次还能够展示徽章。早期的织物防护装置制造简单易行，采用缝纫或铆钉工艺就能添加小块金属板甲，但随着复杂的锻造甲片出现，需要符合着装者的身体骨骼结构，因此制造者们不得不让位于熟练的金属工匠。

头盔工匠群体的记录可追溯至1347年。尽管我们没有这一群体的翔实资料，但在军械士公司的早期记录中曾提到过这类头盔工匠。根据记录似乎有一小段时期并存有两种工艺，但最终被合并为一个行会。在伦敦这种军械士行会势力强大，其他行会一般要为其提供防卫并履行其他公民职责。这类军械士一般都享有兵役豁免权，正如第一次世界大战中所称的"后备职业"。

　　根据其法令，军械士享有搜查权，能够检查城内所有的武器和盔甲以及维修，而这种权利的行使一般会导致与其他行会发生冲突，如刀匠。为此，在剑器和家用刀具之间有了精细的划分。军械士公司的主要职责之一是在所有制造甲片上加盖标记，在冠下印上"A"形戳记，这种盔甲印记一直流行至查理一世统治期间。在盔甲存续期间，其被证明是最强大的武器。盔甲在早期经受住了弩箭射击或者剑击的考验，随后还能抵挡手枪射击。在十七世纪由很多甲片组成的胸甲，能抵挡子弹射击。

　　十六世纪初，罗马帝国皇帝马克西米利安一世和他的御用军械士佐森霍夫，将带有凹槽的哥特式盔甲设计成更实用的防护性装置，即当今著名的"马克西米利安"式盔甲。其表面都设计为凹槽式，并且很大限度地增加了"偏斜"表面的效用，使枪矛攻击偏离一处或其他凹槽织物，落在不会对身体造成伤害的部位。这种盔甲设计有一个显著特点，其金属鞋几乎完全仿造平民生活中所穿鞋的样式而设计。十五世纪时流行长鞋，通常需要自膝盖而下的链条为脚趾提供支撑，而金属鞋则完全仿照这种样式，骑士在上马后，再另外连接脚趾甲片，这是因为金属鞋长度过大，骑士在穿戴这些附属装备后根本无法上马。但十六世纪由于流行方头鞋，"马克西米利安"式盔甲据其仿造的金属鞋设计为非常宽的方头，由于方头确实过宽，不得不将马镫加宽。

　　关于十五世纪在英格兰工作匠人的真实信息，我们所知甚少。我们所知道的是，借鉴于克西米利安一世从欧洲各地雇佣最好的军械士为他服务的做法，亨利八世在执掌政权后想要仿效这一先例。为此，亨利引进了国外的工匠，也就是所称的"阿尔曼"，即外国军械士，并将他们安排到格林尼治作坊中。根据皇家国库需求，他们必须生产出极其精巧的盔甲。现今所知的格林尼治学校就此正式建立，许多匠人纷纷取得入籍证书。我们所能查到并有一定可信度的两个有名有姓的人之一是雅各布·海德，他为李亨利爵士制造了一套华丽的盔甲，现归军械士公司所有。另一个是威廉·皮克林，他为威尔士亲王亨利制造了全套盔甲，其执政后便予以收藏。

欧洲两个主要的盔甲学校均位于意大利，在那里出现了著名的米萨莉亚和奈格洛里家族。他们主要为西班牙宫廷制作盔甲，并配以豪华的装饰，这在多数情况下将防御性盔甲变成了珠光宝气的金属工程。德国的匠人们则更为实际。位于伦敦塔的亨利八世全套精良盔甲的佐森霍夫的工艺作品，以及兰茨胡特的沃尔夫均在各自特殊领域，被誉为意大利最精良的作品。然而，这种带有技巧性的工艺最终走向了自我毁灭，其军械士所制作的防护装置，在防护质量以及建造上都已趋完美，而他们的追随者发现在继承这种完美的传统的情况下，几乎没有可供发挥自身技艺的余地，因此他们将技艺扩展到了盔甲的装饰上，专注于雕刻、镀金以及最后的压花技术，最终导致上述提及的宝贵的偏斜面设计消失，变成了普通的抛光面。上面布满了复杂的设计，这一切使得古时的技能和更注重实用性的匠人完全失去了用武之地。

从十六世纪中期持续至世纪末的盔甲"黄金时代"之后，由于某些无法解释的原因，匠人们似乎逐渐失去了荣耀。此时的工匠们远远偏离了前辈们精湛的制造工艺，他们之间所流行的金属鞋全部采用向下重叠的分离板甲组合而成，这种金属鞋让着装者行走困难。而这种情况甚至延伸至护腿甲的制造，因此着装者只能在上马后再行穿戴，当骑士在战争中落马后，这种装备就成了严重的缺陷。总体来讲，这一时期生产的盔甲一般属于设计不良的制造。

直至近代才出现了为工匠建立学校的可能性，十六世纪后半叶，在英格兰正式建立了著名的技工学校。任何一所欧洲学校制造的盔甲即使与上文提到的雅各布·海德和皮克林的作品相比也毫不逊色，他们保持了这种特别的优点，从不沉溺于设计怪癖或者追求奢侈之风。格林尼治盔甲一直是极尽实用性的代表，其上所添加的任何装饰丝毫不影响盔甲的实用性或者使用方便性。近期，为探测实际使用材料的价值曾做过一项有趣的测试，结果发现保存于军械士公司的雅各布·海德所制造的一件盔甲，全套装备的大部分甲片均为低碳钢，而竞赛中保护着装者最重要部位的面甲则为硬钢。这就证明了军械士们对其客户的需求经过了相当细致的研究，而某些原始装置在经过其处理后，能够使装备的某些部分比其他部分更为坚固。

盔甲所使用的金属通常来自国外，工匠们尤其青睐位于施蒂里亚的铁矿，可能是由于那里的矿石含有微量的锰。尽管有人曾经试图普及使用英国的铁，但无果而终。1590年的一项测试证明了国外的铁确实优于国内产品。

7 重骑兵时代

所谓战争，可被描述为一种为获取利益而进行的有组织的争斗形式，通常是为获取物质利益。而无组织性的争斗，分为谋杀、抢劫、盗窃、欺诈、勒索等，具备同样的属性。尽管这种争斗不具备正式的战争风格，但可根据战争方式由被称为警察的常备军，根据法律法规进行处理。唯一的区别就是，后者规定较为精细，监禁被赎金以及囚禁所替代。只要一个国家的警察能够在一定限度内对这些无组织争斗进行约束，就可宣称城邦内的一切事物都享受着内部和平。我们可能接受这一惯例，但究其本质来讲，人类的不平等性是亘古不变的，这种和平仅具有象征意义。假设一伙刺客或者强盗以一种有组织的形式进行争斗，那么无论事实承认与否，和平就此破灭，迎接的将是一场战争。

有效的国家警察仅仅有一个世纪的历史。在此之前，即使在短短的旅途中，人们也会进行一定的武装。中世纪时期，生活和战争如影相随，每一座城镇、每一个村落、每一处家园无不筑以墙垒，而卑贱的人民则乐于在一些大封建领主坚固城堡的庇护下居住。

佛兰德战马装备的重骑兵，身着当时样式的金属装备，是维系中世纪的武装力量。当然，中世纪的军队包括弓箭手、骑兵和步兵，步兵的武装粗

亨利八世的盔甲

专为徒步作战制作，可能是现存最独特的全套盔甲设
计。精确按照人体骨骼结构制作，完全包裹身体每个部
位。整套盔甲包括235个甲片，重93磅。

陋，包括矛、刀以及任何其他能够简单的武器，他们是封建佃户武装力量的一部分。相对于重骑兵，他们的力量显得微不足道，受到无比的蔑视（除英格兰）。但重骑兵也有很多缺点，为凑足人数，佃户会强行将比自身社会地位低的人进行重骑兵装备，因此每一个队伍中各个等级存在相互妒忌和反感的现象。再者，除非是相当富裕的封建领主，他们极少有超过二十人的重骑兵队伍，因此这个团体的总体力量相对较小，自然遭到其他人的妒忌。他们全然缺乏现代意义上的纪律性，行动上也没有所谓强大的道德力量。

习惯上，重骑兵分为三种主要力量，分别为前锋、作战人员和后卫。这三种重

骑兵均由数百人集结成大的方形或者钝头楔形状的队伍，纵深防御如前锋一样甚至更为强大。重骑兵相互之间距离紧密，从膝盖到膝盖，以至于有人说往法国十字军重骑兵队伍中扔一个苹果都不会落地。要巧妙地操纵这支队伍是毫无可能的，甚至也无法做到快速移动。而要将他们在被雨湿透的地面上集合在一起，必然也相当困难。但相当于数英亩的锁子甲战马（至少有些配备的是锁子甲战马，其余配备枪矛），稳步向前移动，产生的力量必定是极为强大的，而他们一旦前进似乎很有可能攻无不克战无不胜。

重骑兵的辎重累赘且需昂贵的维护费用。每一个重骑兵在行进过程中都有两匹驯马供骑行，包括自己的战马以及至少一匹备用马，总共可配备四匹马。因此，五千名重骑兵，意味着要配备两万匹马的饲料，还有弓箭手以及下级队伍的马，甚至还包括散漫的平民步兵，当然都需要为其提供食物。而同样，若他们居住在城市，没有命令也不谈服从的话，就不可避免地会带来浪费和破坏。在中世纪要想追寻军队的踪迹并不困难，因为军队所过之处必定呈现大片的荒芜。这种荒芜成为一种惯例，而事实上更是原始战争本质的体现，在世界每一个战争片段中都可以发现这种规律。当然由于禁止军队从行进路线中撤退，它也具有原始的危险性。那时的侵略必然会带有劫掠形式，而在冬季会停止所有行动。

通信几乎无法想象，那个时候很少有经铺设的道路，仅有几处供人使用。为了保持打开补给线，领导者可以在出发前搜集一定量的口粮，让动物驮行或者用简陋的带有印记的马车托运，不过领导者可能很少抽调人员，即使是可以信任的人。在某些情况下，可能会被迫先行为自己建立一个前沿基地，如英格兰爱德华三世占领加来以及亨利五世攻克哈尔弗勒均采用这种做法。这类战役必然先行围攻筑有城墙的城市或港口。中世纪的军队不善围攻，他们往往准备有木塔、攻城撞锤或者其他推翻砖石建筑的旧式装备，其中有英国国王专门组织康沃尔矿工进行暗中破坏。不过，围攻会使军队就此裹足不前，这样一来地面会被军队人员迅速污染，时常有数十以至上百人因身染痢疾而丧命。在中世纪或其他时代，没有任何军队能够在城市中的一个地方长时间停留，否则会因疾病、饥荒以及潜逃而损失惨重。1810年，马塞纳前驱进入葡萄牙，被托里什韦德拉什防线困住，采用中世纪作战方式进行抵抗，而最终损失惨重。因此，如果一个城镇负隅顽强抵抗，最终投降后往往会受到极其严厉的惩处。我们所知道的菲利帕女王成功地为加来市民求情，使其幸免于难。而利摩日的居民就没这么幸运，没能幸免于黑王子的大屠杀。

奇怪的是，最先严重打击重骑兵威望的是其自身。自十一世纪起，英国纷纷开始取消重骑兵的马上作战行动，转而将他们编入军队使用枪矛作战。这种做法的必然条件是，英国军队中重骑兵和步兵之间没有他国存在的分歧，互相倾轧。另外，英格兰的封建制度并不像欧洲大陆其他国家那么等级森严。十二世纪亨利二世以免服兵役税的名目，引入了金钱代偿个人兵役制度，然后用这些资金雇用雇佣兵。由此形成了一种惯例，即支付一笔可观的费用就能够组成一支武装力量。至于他们的等级身份则无关紧要。

8 步兵的逆袭

与此同时，射艺在英国国内逐步成长起来，爱德华一世颁布法令，规定长弓是不太富裕的自由民的合法武器。由此，弓箭手开始逐步发展，可被称为长弓技术，直至长弓成为一种非常强大的武器。弓箭手不仅依赖于手臂张弓，而且能"运用整个身体的力量将弓张满"。运用这种技艺，真正技艺熟练的弓箭手能够在240码开外的地方将一个1英寸的木板射穿。此外，弓箭手不需要挥动武器，而是单列稀疏成行。弓箭手的行列队伍可以在一定纵深处实际呈松散状排列，因为他们可在后面越过前方人员的头顶进行射击。武器本身较轻且不易损坏，弓弦也在几秒内迅速取下装袋，防止雨淋。射击所需的武器弹药也较轻，仅需一匹矮种马，便可身驮大量的箭。因此，也就首次实现了一种高效的远程武器，能够与其他冲击性武器相抗衡，换句话来说，它既能轻松装载又能够轻松发射。

因此，在枪矛战士下马集结后，弓箭手能够在其侧翼呈包抄式列队，也就使突击行动和远程行动的高效结合成为可能。而如此松散的军队也为骑兵的突击提供了可乘之机，因此弓箭手要随身装备木桩，以便在他们前方植入地面。同样，实际上即使是英国长弓射出的箭也无法刺穿质地良好的盔甲，因此弓箭手将目标转向了战马，致使战马失控，这样不仅能够剥夺重骑兵的重要武器，甚至能将这种武器转化为对重骑兵不利的因素。法国战马因伤痛集体发狂无法驾驭，成为克雷西和普瓦捷会战取得胜利非常重要的一环。同时，英国重骑兵完善了步行战斗和骑兵移动相结合的完美作战机制。事实上，以上种种都是为了实现骑马步兵，或者使用骑马步兵最早称号——龙骑兵。

在英国实施下马作战行动后不久，整个欧洲大陆纷纷效仿，但并不是总能获得成功，因为长弓只是军队下马作战的补充，并不能广泛应用。十四世纪早期，在厌倦了遭受多数傲慢骑士的蹂躏后，瑞士人自行设计了一种能够保持距离的徒步作战方式。最初他们发明了戟，这种武器有一个长8英尺的轴杆，一侧为宽大而重型的斧头，另一侧为钩子，后端为尖状物。采用这种武器，能够用钩子将锁甲装备的骑兵从马上拖下，可用斧头将其砍成碎片，或者用尖端从敌人盔甲的接缝处刺穿。继而他们又发明了一种长18英尺的长枪，身强力壮的人能够将其挥舞成方形，呈现密密麻麻的竖直钢尖，重骑兵根本无法抵挡。这种长枪迅速被其他国家采用。因此，骑兵的突击战术在这一段时期内消失于历史舞台，转而是一直遭受轻视的徒步作战人员成为宠儿。

金雀花弓骑兵

亨利二世在位时期，爱尔兰彭布罗克郡的伯爵理查德，在历史上以强弩著称，曾大量采用了威尔士弓箭手在马上作战的游击战术。1360年，爱德华三世再次将其弓箭手投入马上作战。弓骑兵是亚洲军队最为重要的组成力量。

与此同时，约在十四世

纪中期，火器开始投入使用。起初相当简陋，仅仅是将金属圆筒固定在一个木托上或者放置在一个木板上，在圆筒的一端挖洞，并从此处开火。大型火器在人们的记忆中几乎一直维持最初的设计变化不大，直到19世纪中期，迫击炮仍然是采用基床而非托架固定。而轻火器不久就被人们发现了其不便之处，在使用手枪时，人们要一手扶枪，另一手用来开火，效率极低，因此手枪必须要轻，不能太长，当手没有进行操作时，也不能够轻易走火。没过多久，出现了一位天才人物，他将一根燃烧的火绳固定到枪管上的夹持器中，这样，只需要一根手指的力量就能够将火绳压低到火门（点火孔）处。这种别出心裁的设计使人们能够双手持枪。这类武器的发展进程非常迅速。

同时在波西米亚，出现了一个非常伟大的天才，名为约翰·杰士卡，他采用装甲马车和起先仅为农民装备的连枷，令欧洲一些装备最为精良的重骑兵连连受挫。约翰的队伍纪律非常严格，训练军队操作马车的精确性和技巧，达到炉火纯青的地步，在任何时候都能够成包围状，每个侧面都能成为坚不可摧的前阵。约翰·杰士卡擅长采用这种战术来诱惑敌军，佯装让他们攻击看似软弱无力的前阵马车，然后将外面的马车转向内部，包围敌军，继而使用连枷进行打击。这一组织的装置为马车，每个马车都分拨一个马夫，安排两个人员特别保护马夫，另外17名人员则武装远程武器。每一千股力量

火器时代的曙光

1326年，米莉勒克故事"国王的责任"画面中，代表最早时期的大炮。其源自于弩炮，事实上的投射物不是剑弩而是炮弹。这种武器是将金属圆筒固定在木床上，在一端的挖洞处点火。

有900名步兵，100匹马和50辆马车组成。

与这些不同寻常的武器相比，更为重要的是约翰·杰士卡能够一视同仁地执行严明的纪律，"一旦违反命令，无论是王子、骑士、贵族、市民、工匠或是农民均要承受体刑以及财产罚没，无一例外"。此类纪律与宗教狂热相类似，令人不得不服从，而在此必须注意的是，纪律也成了另一股援助力

步枪和左轮手枪的前身

十六世纪火绳钩枪（左）问世，为长管手枪，装配有扳机，按下燃烧的火绳核心，即可点燃火药。自此成功衍生出了火绳枪、燧发枪以及"褐贝丝"。最先生产的火绳手枪简称为火枪，继而为手枪（右），是一种可单手发射的武器，适用于骑兵。最先问世的是单管式，不久之后就出现了双管手枪。

中世纪装甲车

约翰·杰士卡，波西米亚人（1376—1424），其首创性的构思，是现代坦克演化思想的源头，发明了装甲马车，其上运载一队装备远程武器的武装人员。本示例摘自1485年，马车轮上装有大镰刀，人员武装兵器有长枪、弓、狼牙棒和手枪。

量，有利于剥夺单独控制军事实力的富有阶层的特权，转而成为每个人都能够掌控的力量。人们常说是火器将所有战斗人员拉到同一个水平线上，但真正的原因其实是军纪。

在杰士卡首次战役的5年前，即1415年，英国重骑兵和弓箭手取得了属于他们最后的胜利，通常被称为阿金库尔战役。此次战役中由法国重骑兵对阵英国的徒步军队，法军采用两个侧翼的骑士追赶英军的弓箭手，这就是导致法军惨败的原因所在。由于下了一夜的大雨，导致地面异常泥泞，骑兵无法有效突破弓箭手筑起的木桩屏障，无论是受箭伤被激怒或陷入泥浆的战马，还是有无人驾驭的马车，都纷纷抛下了重骑兵。弓箭手趁混乱之机，纷纷停止射击而使用围身悬挂的斧、锤或剑向逼近的重骑兵侧翼发起进攻。法军身上固若金汤的重盔甲，完全成了活动的累赘。而英军在打败一批军队后，只简单地将俘虏头盔摘下，让他们在下一波攻击时打前阵。这场战役标志着最终抛弃所有防御盔甲的早期阶段。

9 威力无穷的火药武器

在阿金库尔战役中双方均使用了火炮。亨利在围困阿夫勒尔时使用的是十分原始而笨拙的装置。法军在阿金库尔战役中由于泥浆，根本无法将枪炮放置在应有的位置上，但这种情形并非无法预见，如果火炮无法顺利移动，可最终形成突击密集人群的武装力量。事实上，在亨利五世死后，火炮和手枪持续成为法国战争的中坚力量，发挥着更为重要的作用，随着时间的推移，法国与英国的火器力量几乎可以并驾齐驱。1434年，在热尔博卢瓦，法军采用的三种武装力量，分别为骑兵、步兵和炮兵，这种战术的结合取得了显著成功。而英国的弓箭手由于陶醉于长期的胜利，逐渐荒废技艺，被打得仓皇失措。在战斗中弓箭手而不是骑兵，绝望地奔向他们筑起的木桩屏障，巨大的石块被发射越过他们所信赖的栅栏进入己方阵地。这一切都证明了未来的远程作战要依赖于火药和枪炮。

十五世纪末，荣誉士兵几乎被雇佣兵所取代。英国早在一个世纪之前就着手将免费服兵役的战士转换为雇佣兵，许诺一定的利益购买他们的服务，其中最为卓越的领导人当属约翰·霍克伍德。接着瑞士采用了英国模式，规模更大，并取得空前的成功，将雇佣兵变成一国的勇士，但同时也使他们的纪律与隶属性消失殆尽。普通的士兵能够命令他们的领导人如何作战，雇佣

重型攻城大炮

尽管最早期的火炮极为笨重且使用不便，但它们的出现仍然为战争带来了革命性的变化。由于其移动效率低下，最初仅在围城战中使用，而后才逐渐应用于野外作战。

"阿尔曼枪矛骑士"

以瑞士步兵为蓝本，十六世纪早期德国出现了国家佣仆，即斯瓦比亚步兵，通常为雇佣兵，武器为戟和长枪，以集结方式作战。

兵的军官们悲伤地说，他们被强迫顺从于自己的部下，雇佣兵横行于整个英国。最终，最为优良的雇佣军出现在法国，他们形成军队的支柱性力量，于1496年入侵意大利。不过法国还训练自己的步兵队伍，并且在炮兵建制上取得了非凡的进步。因为他们拥有四轮重炮，本着灵活机动的原则，其中两个轮子还可拆卸，更轻一点的重炮则只有两个轮子，队伍可根据压过的痕迹行进。因此，法国似乎拥有突击和远程作战的双重优势，而在招募瑞士步兵入伍后，其力量便可称霸于欧洲。

这种情形被称为竞争步兵，马克西米利安皇帝尽管青睐于瑞士雇佣军，但也组成了斯瓦比亚雇佣军，作为国家力量。最为著名的雇佣军当属德国的"国家佣仆"，或源于同时代英国的"阿尔曼枪矛骑士"。雇佣军只是战斗力量，没有创造任何新近意义上的兵法。他们钟爱使用长枪，马克西米利安自己就毫不避讳地被人们看到在街道上手持长枪行进，不过他们也会使用戟、双手巨剑，同时还会适时地使用火器。瑞士或重骑兵雇佣军的队伍为纵深大型集合团队，军官位于前阵。委托雇佣中士以原始方式负责军事操练。事实上，尽管总军官可能会说明军队行动方式，不过只有中士才了解命令的具体执行方式。在英国首次出现国家佣仆，是在1487年的斯托克战场，当时有两千名雇佣军顽强作战直至全军覆没。

迄今为止，战术上的改变主要依赖于条顿民族，但拉美国家后来居上，特别是西班牙。西班牙的伟大领导人贡萨洛·德·科尔多瓦，1495年在意大利被瑞士军队重创后，发明了西班牙步兵使用的长枪与短剑相结合的小圆盾，并雇佣国家佣仆训练他们的军事技能。在突击战术方面，因不安于瑞士军队的战术力量，就训练军队的灵活性，在18英尺笨重长枪的屏障下发起冲击，用短剑可冲刺近距离包围敌军。然而在十六世纪，整个军事进程趋向于在远程战术行动的发展上稳步前行。1515年，法军在为期两天的战役中成功压制了瑞士军的叛乱，当时运用火炮在数里之外进行了大肆屠杀。

但当时火炮作为战场上一种可移动的力量，仍然显得过于笨重。火药质量粗糙，燃烧缓慢，必须使用极长的炮筒，并且由于火药的威力过于强大，基于安全性考虑，炮筒极厚。由此，就造成了极大的金属威力为极小的炮弹提供推进力的状况。因此，指挥官在战斗中通常会命令将枪炮安放在制高点，这样向下的发射速度会更快。无论好坏，还要随身携带所有笨重的装备，如火药桶、杓、装药棒以及看似不属于武器装备的羊皮来在每次发射前覆盖炮筒防止常有的爆炸。此外，枪炮手极端自负，不容许其他人插手自己的内部事务。曾经有一个著名的国家佣仆领导人亲自训练并开火，炮火首席军官立即赶来，不仅罚了违抗命令的炮兵一个月的俸禄，还训斥身为上级总司令的领导人，让他管好自己的步兵就行，不要染指别人的枪炮。

但轻武器制造却取得极大的进展。首先是西班牙人将手枪的枪管加长，可以安放在一个部位提供支撑，从而提高射程与精确度。这种武器被称为火绳钩枪，由和佩斯卡拉侯爵在1522年的比柯卡战役中有效使用。他将火绳枪兵结成小型方阵，列于枪矛军队的前阵，削弱瑞士长枪兵的远程攻击力，在瑞士军队发动突击行动之前，就破坏了其前进阵形，致其损伤过半，从而轻易获取战争的胜利。三年后，在帕维亚战役中，和佩斯卡拉侯爵在长枪军队的前方大胆部署了1500名火绳枪兵，以抵抗法国重骑兵的进攻，以此有效地激怒了骑兵，最终倚靠长枪屏障的庇护，完全压倒性地击败了法军。

下一步是在火绳钩枪上安装一个锁扣，采用现代的说法，就是一个L型的火绳，用扳机将其按下，点燃枪筒中的火药。由此，在1531年左右火绳枪面世，一个世纪后更替为燧发枪，以及"褐贝丝"。不久后为制造方便，所有的火绳钩枪均明显采用了相同的孔洞，被称为口径。继而要做的是必须将装在子弹带中的火药进行管理，从而添加了一个子弹包，这样就形成了使用火绳枪的全套装备，建立起了一种新型步兵，也就是远程分部。

新型火器的使用还影响到了骑兵的战术。十五世纪末，在战争中彻底弃用了大规模的骑兵战术，转而采用较小规模的队列形式。由此，骑兵配备了兼具灵活性和速度的更为强大的武装配备，对于松散的步兵队伍具有更为强大的威胁性。但在面对枪矛直立的方形军队时，骑兵仍然无能为力，直至短火绳手枪的面世。最先面世的是火枪，随后手枪问世，这种远程式武器容许单手操作。骑兵发现自己能在马鞍上远距长枪活动距离之外，就有机会击中长枪兵，这样一来，骑兵实际更趋向于远程行动作战，而非突击行动。由此，骑兵开始恢复纵队形式作战，或者是小型纵队集聚，而非成列。自首次将火器引入战争，就一直存在一个问题，就是怎样能够保持良好的射击秩序。和佩斯卡拉的解决方式是，将远程步兵分为10排，首先命令第一排齐射，继而后撤重新装载，按此方式剩余所有排列连续发射，直至第十排齐射后，第一排又能重新打前阵准备再次射击。可以说直至18世纪骑兵和步兵的军事训练完全采用同一模式，有一个不争的事实是，马有四条腿，人却不超过两条，所以步兵的射击体系完全可以套用在骑兵上。从理论上讲，这种设计不可不谓之精妙，但在实践中却发现了两者的不足，对于步兵而言，一旦齐步发射后就会快速回到后方，不是很情愿再次冲锋在前。至于骑兵，则由于其行动相对步兵而言相当迅速，经常会因为后方太远而消失于战场。

轻武器的发端

轻武器的发展比火炮更为迅速。上图是十五世纪的轻武器样本，只有一个圆筒由左手支撑，右手操控火绳。

枪矛步兵不甘于遭受敌人来自马鞍上的射击，开始使用盔甲武装，包括头盔、背甲、胸甲和腿甲。骑兵也同样为了抵挡子弹射击，在能够承受的范围内，将盔甲设计得越来越厚重，最终使他们不堪重负，不论任何目的都弃之不用。战马和步兵虽然没有立即采取这种行动，但也在适当的时候无望地褪下了抵御远程射击的固若金汤的盔甲。因为过于沉重的盔甲已经超出了忍耐力，除了放弃它们别无选择。由此，在17世纪末防御性盔甲逐渐消失。骑兵在很长一段时间，尽管恢复使用了一部分突击行动措施，但仍未放弃使用

远程武器以及纵深方阵。一旦骑兵相互遭遇，就会使用手枪射击，将空武器掷向敌军面部，然后用剑进行战斗。

10 相同的本质

回顾整个战争发展历程，有人可能会说在同等条件的相同指挥下，中世纪战争之间在本质上的差异非常小。所谓同等条件的相同指挥，是说国家纪律不成熟或者完全没有纪律。没有正式的通信方式，在中世纪甚至没有通信方式，军队必须生活在城市，在冬季则必须停顿休整。而想要在一个地方长时间停顿更是难上加难，甚至可以说是绝无可能。

当然他们可以收集粮草，而且毫无疑问是由中世纪军队负责收集，有些时候是有偿的，不过更多时候是予以没收。事实上，雇佣军身旁总是跟随有移动市场，由随军小贩维持经营，或者叫私人投机者，不过其价格通常是由一个被称为监查官的特别军官确定的。可能国家佣仆只能采用已经占据主导地位的制度。到处存在着违纪行为，抢劫、掠夺、滥用无所不用。想要食物，就无纪律可言；而想要纪律，就只能等着挨饿。拿破仑就曾经发现，要让生活在城市中的军兵保持纪律，几乎是不可能的。在管理人抽出时间统一收集及分配食物之前，士兵们已经自食其力。强壮点的中饱私囊，弱的必须挨饿、擅离职守或者死亡。不幸的是居民，他们的牛羊被牵走，仅有的一点食物也被抢劫一空，大批人因此而离开人世，而活着的人心中充满着愤怒与仇恨，他们伺机谋杀每一个视线所及的没有警惕的士兵，或者组成强盗团伙，用自己的力量对抗每一个士兵。历史总是惊人的相似，无论是中世纪的法国，还是莫卧儿帝国衰落后的印度，又或者是十九世纪初的西班牙。在相同的条件下，从始至终的发展轨迹总是相同的，而武器只不过是次要因素。

尽管重骑兵支配地位衰落的政治意义几乎等同于其军事重要性，但其最为显著的详细信息当然展现在军事历史时期。我们所看到的这个过程是缓慢而渐进式的，其中基于政治的考虑在某些部分推迟了进程。如法国由于其弓箭手的力量与英国相匹敌，就不会有政治上的嫉妒与忧虑，而认定其对国家存在危险性。但是，尽管所有的远程行动力量在稳步固守其地位时无一例外地受到了阻碍，唯有火药的发明得以顺利地向前推进。

毕竟第一个真正高效的手持火器——火绳枪的问世，用了几乎两个世纪人的智慧，而在很久之前的1531年重骑兵已经被废除。当这种新型远程武器被使用时，在战场上所采用的战术与克雷西时期并没有什么不同。火枪手排列在长枪步兵的侧翼，和当初弓箭手排列在下马重骑兵侧翼的阵形一模一样，而骑兵则惯常在整个队伍的侧翼。当燧发枪取代火绳枪时，人们发明了枪上刺刀。这一设计是将长枪与滑膛枪，突击武器与远程武器合二为一。此时的军队作战阵形仍然延续先前的经验，中间为步兵，侧翼为骑兵。而旧时的长弓并没有就此沉寂。内战时期，恢复使用了长弓，取得了巨大战果，当然为提高效率，这时的长弓并非沿用十四世纪的旧样式。莱比锡战役中曾使用了弓箭，与英国的火箭队伍在同一战场上出现，这是弓箭最后一次出现在远程行动中。总体来讲，1813年的莱比锡战役，与一个世纪后的西线战役相比，更近似于1434年热尔博卢瓦的战役。

第八章
骑士精神盛兴的欧洲

R. B.莫尔特【编】

R. B.莫尔特：布里斯托大学的教授，《中世纪晚期》、《大不列颠历史》等书的作者。

❶ 中世纪的骑士

骑士精神和修道会不同，它并不是一项制度，也不具有确切的开端。它曾是并且仍是一种理想的生活方式，或多或少的人们可能一直在各个地方以此为目标。然而，在基督教和封建时代来临前，这个理想并没有明确的定义。

骑士精神具有两种突出的标志，这两个标志是其本质的两个方面：基督教信仰和军事性质。骑士精神体现在中世纪的骑士身上，而这个骑士就是基督教士兵，并未出现历史性的亚瑟王。然而的确出现了一些伟人，他们的名声成就了亚瑟王传奇的续章。在亚瑟王传奇中有三条主要路线。一条是对抗萨拉森人或欧洲人的战争。另一个是骑士与贵族美女的爱情与友谊。第三条是对圣杯的追寻。换句话说，这三者是中世纪骑士精神的突出要素：为权力而战、男女间的贵族关系和通过宗教寻求救赎。

在思想上，骑士精神不同于封建制度下的骑士精神。封建制度下的骑士一定要对主人尽忠职守。而骑士精神下的骑士可以通过向上帝发誓来约束自己，当然这不是必须的。一个不对任何人承担义务的人才可成为具有骑士精神的骑士。他不与土地掌控产生联系，也不必向主人履行义务，骑士精神并不具备世袭性。

骑士精神出现在塔西佗的"日耳曼尼亚"的一篇著名文章中。在这篇文章中，在所有首领组成的委员会上，一位首领或父亲将盾牌和矛装备在了一位年轻人身上。这需要教会的介入，才能将这个年轻人装备成基督教骑士。对于在任命骑士的过程中的明确的宗教因素，法国的骑士精神现代历史学家戈蒂埃称之为第八圣礼。

通过仔细研读此类作品，例如，"薇薇安契约"（阿里斯肯斯诗集），吉莱特德·维尼亚，雷诺德·蒙托邦和罗兰之歌，戈蒂埃推理出下列骑士精神的规则。第一条是"对基督教怀有深深的信仰"；第二条是保护教会；第三条是保护弱者；第四条是爱你生长的土地；第五条是绝对不在敌人面前投降；第六条是与异教徒无休止地进行战斗；第七条是对上帝忠心；第八条是说话算话并保持诚实；第九条是懂得慷慨与赠与；第十条是无论何时何地都应战胜不公正和邪恶势力。

在创造骑士的古代对这些进行了详尽的说明。任何人都可以成为骑士，但是一般渴望成为骑士的人（通常被称为"达摩索"）是封建男爵之子。法国和德国是中世纪骑士精神的主要发祥地，而在西班牙、意大利、英格兰和苏格兰也发现了相似的风俗。

圣杯

通过宗教寻求救赎是以亚瑟王传奇中追求圣杯为标志的理念。圣杯是如何在亚瑟王的骑士围坐卡米洛特宴会上时出现在他们面前的是这幅图画的主题。这幅画被保存在巴黎首都区的图书馆的14世纪的法国手稿中。

骑士的授权仪式

马修·帕里斯的《两个极端的历史》中的插图描绘了骑士精神的骑士的授权仪式的整个过程。在左边，皇家"推荐人"用一把剑对他进行束缚，而其他人对其马刺进行固定；在右边，他穿上了外套而护卫带着盾牌和旗帜参加了仪式。

在这些国家的城堡之中，男爵的年轻儿子在7岁之前都是和女性一起成长。男孩很小的时候就被要求骑小马，他要学会爱护马并将它看成日常生活的一部分。在所有社会关系中都要求执行礼貌的义务。

到了12岁时，骑士精神的重要的第一步便开始了。男孩的父亲将会让男孩住进一些伟大贵族的家，当然也可能是父亲自己的主人或主教或国王的家中。

伟大贵族的家庭是中世纪的"公共学校"。国王的家庭是最著名的，但不一定是最好的。少数国王保持着像圣路易斯一样的模范法庭，正如约恩维利所述一样。

在进入贵族家庭不久后，达摩索便会被训练成护卫。他被分配给主人，在用餐时间他得站在主人的椅子后面。实际上，他得为主人干奴隶的活或分担部分，也许还可能帮他喂马，他也必须帮着摆饭桌。在战斗中，护卫要站在主人后面并且按照要求递上武器。他拥有镀银马刺，这也是他与骑士的区别，骑士的马刺是镀金的。达摩索的试用期持续5年或更久，他可能在17岁成为骑士，而一般人普遍是在20岁成为骑士。护卫通常是在战场上被训练为一名骑士。

每个骑士都有义务训练出其他骑士。大多数骑士授权都是在和平时期进行的。虽然带有宗教仪式的授权并非不常见，但授权仪式通常是在城堡中根据世俗仪式进行。授权仪式可以追溯到1200年，授权是由"推荐人"或骑士进行的，扣上少年的盔甲即可完成。但人所共知的仪式要烦琐得多。在手工绘本中描述的一般方式是一个人用一把剑对被授权人进行束缚，而另一个人对马刺进行束缚，同时在跪地的少年的颈后用手掌轻轻地拍一下。当主教或修道院院长进行骑士授权时，他将会用剑轻轻拍打被授权人。这个方式最终演变为用手来拍打。

当被授权人将武器放在教会的圣坛上时，授权被细化了，被授权人就要整夜在圣坛前注视并祈祷。第二天早晨他将会被他的推荐人授权成为骑士，而在这之前，牧师将会为他的剑祈福。若在教堂中完成授权仪式，主教将会来进行这个仪式。这是授权的教会仪式。

❷ 骑士英雄和骑士荣誉

最著名的骑士英雄布永的戈弗雷是法德混血。他的父亲是尤斯塔斯·布伦伯爵，与洛尔罗林公爵的女儿结婚。他像任何其他的年轻贵族一样被培养，他的父亲（后来成为布伦和布永唯一的伯爵）通过为其穿戴盔甲的方式授权其成为骑士，并没有拍打他的颈子。当乌尔班二世在1096年宣扬首次改革运动时，戈弗雷对其做出了回应，他的两个兄弟尤斯塔斯和鲍德温也做出了响应。他毫无野心，仅仅是一名虔诚的骑士和坚定的士兵，他被认为是进军君士坦丁堡和从那里前往耶路撒冷的法国人、德国人、诺曼人和意大利人的没有经过正式训练的长官。在改革运动中，他一直站在前线。他悄悄地行动并发出命令，指出了单一思想和任务的途径，并在喜欢争吵和追名逐利的首领组成的委员会中保持了一定的团结一致。在十字军占领耶路撒冷时，具有骑士精神的戈弗雷被推选为君主。他拒绝了国王的头衔，因为他更喜欢成为圣墓教堂的提倡者和一般的保护者。1101年，他过世了，享年41岁，他的一生都在英勇战斗，并且一心一意追求公正和宗教信仰。他留下的只有纯粹的骑士精神，从那时起，所有想成为骑士的人都带着对伟大十字军的品行和事迹的纪念而进行着训练。

西方和欧洲中部的每个国家都有各自伟大的骑士精神英雄。西班牙的是熙德；意大利的可能是卢森堡的亨利七世皇帝，他在十三世纪早期几乎毁灭了意大利的团结；德国的是德皇腓特烈一世；奥地利的是鲁道夫一世，他是整个家族的王朝命运的创造者。

骑士身份是一种关系，骑士精神则是世界性的精神。任何国家的骑士，例如霍克伍怨爵士（去世时是佛罗伦萨伯爵）或者西蒙·德蒙特福德（他去世时是英国伯爵）可以从一个国家去往另一个国家，除非在战争爆发时必须待在自己的国家。除了这种普遍的关系外，还有较小的关联，最小的就是两个武装骑士之间的兄弟情义。例如，艾米斯和阿迈尔，他们是著名的十二世纪传奇中的英雄。再大一些的关系就是王储的保镖或选出的随从，例如传说中的亚瑟王圆桌会议骑士或者查尔曼大帝的圣骑士。

关系更大一些的是勋章，可以说是十字军行动的常备。伟大的十字军东征断断续续进行了近半个世纪的时间。为了进行保卫十字军的圣战，医院骑士勋章、圣殿骑士团勋章、斯特拉的圣詹姆斯勋章和圣剑骑士勋章

具有骑士精神的谦逊英雄

这幅微型图中的布永的戈弗雷是骑士精神实践的主要模范。在1099年的七月，在第一次出征远东占领了耶路撒冷后，他被推选为君主，尽管如此，他还是拒绝了国王的头衔，这是亵渎神明的行为，他成为了圣墓教堂的提倡者。

等都被建立。这些勋章表示了军事和宗教或神圣生命之间的和解，这也是骑士精神理念的基础。

　　医院骑士或耶路撒冷的圣约翰骑士以仁慈的形象出现，他们在耶路撒冷维持着一所医院，由于时间过于久远，没有留下任何记录。在1120年，雷蒙德·杜普拉大师制定了全新的勋章和军人特点，纯粹的慈善勋章仍被保持着。弟兄会以贫穷、贞洁和服从起誓。他们现在的义务包含了对朝圣者的武装保护。伟大的骑士军事组织由此发展起来，而抵抗萨拉森人的战争也不断

罗兰保卫其王侯

查尔曼大帝的圣骑士中最突出的是他的侄子罗兰，罗兰的冒险是"罗兰之歌"的主题也是十五世纪塔威尼尔所著的《传闻和征服史》一书中有关查尔曼大帝的主要内容。这个微型图描绘了罗兰正在保护熟睡的皇帝以免其被美因兹的加尼隆杀害。而坏骑士的叛变导致了查尔曼大帝的后备军的毁灭和罗兰在尤赛斯瓦耶斯的死亡。

发生着。

医院骑士、圣殿骑士和相似的勋章给成员们带来的只有艰难的生活。之后由君主制定的用来增强法庭威望的"骑士勋章"毫无作用，他们奖赏了慈善行为，并且进行了社会区分。首个这样的例子就是建立于1344年和1351年间的嘉德勋章。在嘉德勋章之后，欧洲最著名的勋章是由菲利普三世在1430年建立的金羊毛勋章。除了最著名最光荣的嘉德勋章和金羊毛勋章外，在欧洲几乎每个国家都有许多其他种类的勋章。

嘉德座位勋章

在温莎的圣佐治小教堂的嘉德骑士座位上是用珐琅装饰的带有纹章的90个英文勋章。这是吉尔伯特·塔尔伯特先生的勋章。

羊毛勋章的创始人

菲利普三世在1430年建立了伟大的骑士勋章——金羊毛勋章。他的这张肖像画呈现在可能于1481年创作的勋章章程的手绘本副本上。

在先驱前进行比赛的骑士

先驱的职责之一就是组织比赛并且保持比赛中的顺序。十四世纪传奇早期的封面页描述了先驱正在准备两名骑士之间的预赛的场景。这两名骑士将要进行搏斗，而乐手在旁边演奏了喇叭和鼓。在18世纪的欧洲出现了比赛，这种比赛和军事演习和游行一样受欢迎，因此它们获得了许可证，并且由严格的武器章程管制。

　　尽管在欧洲西部的影响没有那么大，但德国的骑士精神和法国的一样积极。德国的军事勋章是由布莱梅和吕贝克的一些商人于1190年在攻占艾可之战，在第三次改革运动中建立的日耳曼骑士勋章。骑士以贫穷、贞洁和服从起誓并要求自己帮助生病和受伤的人们，还对异教徒发动无休止的战争。1386年立陶宛与基督教的对话导致了骑士们失去了可以较量的异教徒。以后他们的对手就是基督教的波兰人和立陶宛人，1410年他们在坦能堡的一场恶战中毁坏了这个勋章。最后的高手或大师是霍亨索伦的艾伯特，他在1525年接受了宗教改革，将勋章领域世俗化，结婚并且成为了普鲁士公爵。

　　当十字军在十二世纪的后半部分使用战袍后，一些监察的形式对于防止纹章的混淆似乎变得必要起来。进行监察的自然人自古以来都是附属于军事力量的先驱。在骑士精神时期，他们组织了比赛并且维持着比赛的顺序。因此，他们自然而然地成为知识、比赛习俗和整个武装行业的精通之人。在每个西方国家中，先驱们几乎形成了一个社会团体或秩序或大学，他们构造了四分法、徽章、象征性野兽、格言和虚构的亲情等完全不真实的物质之外的精密科学。

3 骑士标志

出于区分所有者或可能仅仅出于装饰的目的，盾牌上首先制定了纹章。在1096年的第一次改革运动和1147年的第二次改革运动中似乎都没有使用这些纹章。巴约挂毯通过盾牌上粗糙的纹饰展示了黑斯廷斯战役的撒克

纹章的用途

剑桥大学图书馆中的《圣爱德华国王的历史》中的13世纪的手稿显示了若没有盾牌、外套和旗帜上的纹章，那么在战争的混乱中将无法区分敌我。

逊和诺曼骑士。在1189年的第三次改革运动中出现了纹章。

由于比赛在十二世纪十分受欢迎，纹章恰当地代表了参加比赛的骑士们。在十三世纪，纹章也用来代表骑士身份。纹章起初只出现在盾牌上，根据十三世纪的时尚，它很快就被装饰在外套上，而外套披在盔甲之外，因此出现了"盾形纹章"的说法。通过十字军的世界军队，戴纹章成为了世界性的风俗。

通常被早期的骑士接受的徽章是真实的或传说中的奇怪的野兽或植物，这些形象可能是骑士们在神秘的东方进行改革运动时所见所闻的事物。由于

有生命和无生命的纹章

左边的门尼斯·凡·玛尼格盾形纹章提供了有生命图案的奇特例子。红色的，两名骑士战士，银质；无生命的图案出现在图尔高的咖提根的纹章中。银质的，玫瑰红，播种的或有刺的或滑动的草木。

"纹章标志"示例

装置暗指一些家族事件或者双关地代表家族或地点名称，它们通常被用作纹章。所以（左边）牛津市的纹章显示了一头牛横跨浅滩，而三头小牛在梅特卡夫的约克郡家族的盾形纹章中出现。

骑士们采用了相同或相似的纹章，所以还是出现了混淆。为了避免混淆，先驱编译了已被接受的盾形纹章和他们所属家族的卷轴或列表。

在英格兰的骑士精神法庭上，元帅和警员根据盾形纹章来判定家族间的纠纷。由于人们变得越来越世故，被雇来发明合适盾形纹章的先驱采用了双关语策略。当格言被使用后，双关意义也经常被用到。

格言的起源数不胜数，它们中的一些起源于"怒吼"或骑士家族的团结怒吼。许多格言被用来解释纹章，其他格言暗示了家族的名字。一些格言记录这个贵族服务，其他格言被用于表示家族的特点。宗教格言是十分常见的，例如，德国薛凡尼家族的格言：Er ist unsere Hulfe und Schild（他给予我们帮助和保护）。

在很多情形下，骑士家族采用的纹章和格言一样有暗示意义。所以利昂的皇家住所采用了狮子图案，而卡斯蒂利亚采用了城堡图案。像威尔斯家族的喷泉一样的这种纹章被称为"纹章标志"（"会说话的纹章"）。

纹章包含了各种"元素"——描绘在盾牌或"装饰有纹章的盾"上的数字或物品。"区域"或盾牌表面通常被分为9个部分。盾牌的上三分之一部分被称为主要部分，并被分为右侧的主要部分（A），中央的主要部分（B）和左边的主要部分（C）。在中央的主要部位之下是荣誉点（D）。在荣誉点之下是坦白点

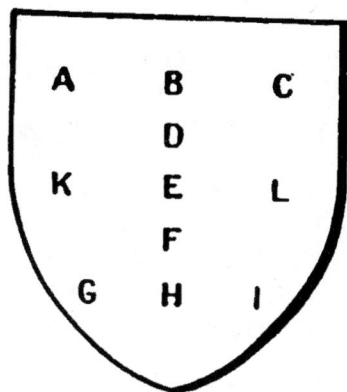

装饰有纹章的盾牌的分区

A 右侧主要部分　　B 中间主要部分
C 左侧主要部分　　D 荣誉点
E 坦白点　　　　　F 盾脐
G 右侧底座　　　　H 中间底座
I 左侧底座　　　　K 右侧侧翼
L 左侧侧翼

（E）。坦白点横跨了盾牌中心的横杆。坦白点的两面都是右侧侧翼（K）和左侧侧翼（L）。在坦白点之下是盾脐或脐点（F）。盾牌的最下面的部分被称为底座，其分为右侧底座（G）、中央底座（H）和左侧底座（I）。

纹章之间的区别不只在于它们上面不同的"元素"或物品，还有不同的颜色、元素的"色泽"以及区域的色泽。色泽可能包含各种金属或包含各种颜色——红色、蓝色、绿色、黑色和紫色。然而，若要求体现"本身的特点"，那么某个元素可能仅仅包含其本来的颜色。其中色泽中也包含两种皮毛："貂皮"（白色区域上的黑点）和"松鼠皮"（代替银色和蓝色，假定和松鼠的皮毛相像）。

通常这些元素——区域上呈现的物品被分为普通事物、附属普通事物和一般元素。最常见的普通事物是几何形状的惯用图形，它们是主要部分（盾牌的上三分之一部分，以一条横线作为标志），栅栏（盾牌中间的垂直

带），坦白区（盾牌中间的横向带），歪曲（从右侧主要部分穿向左边底座穿过盾牌的带段），V形臂章（从右侧底座传下来的带段和另一条从左侧底座传下来的带段，它们在荣誉点相汇），十字（希腊十字），X形十字（圣安德鲁十字）。

附属主要部分主要是四分之一区域（区域的上四分之一部分），行政区（微缩的四分之一——区域的上九分之一部分），三角形副章（四分之一的下半部分，由对角线形成），盾边（环绕盾牌的边界），盾缘（从盾牌边缘分开的窄边），菱形（四边形，尖锐的上下角和侧角圆头）。

一般元素是有生命或无生命的事物。一个人、一匹马、一个摩尔人人头、一条腿或几条腿（可见于曼岛纹章之上），一只眼睛都可以呈现在盾牌之上；狮子也是常见的图案；还有豹子、老虎、黑豹和许多传说中的野兽例如鹰头狮和独角兽等。盾牌上也经常出现鸟类形象；除此之外还有鱼、爬虫和昆虫。无生命的元素可以是太阳、月亮、星星和彗星等；或者是水果和花朵；或者是军事武器；或者是船只、工具和家庭餐具；或者是教会物品例如钥匙或牧杖。在中世纪，在对每位绅士的教育中，都需要他能够制作"纹章"——就是指描绘纹章并能从纹章上辨别出其所属的家族和被分成四份的其他家族。

骑士精神"制度"是贵族的美好幻想。正如宗教和文化一样，它是对中世纪的严酷现实一种逃避。在中世纪并不幸福的时期，生命很短暂而且几乎难以得到舒适的生活。然而生活中的欢乐可能还是多于痛苦，某些现世的享乐的确存在，但物质享受还是少之又少。若没有宗教信仰，生活将会变得毫无希望，而生存也不会好到哪里去。在安宁的大石头教堂里，人们可以思考不朽的灵魂、人类精神的本质权威和上帝的无限恩惠，宗教信仰甚至为中世纪战争带来的恐惧提供了一剂治愈的良药，再结合对荣誉久远的热爱，骑士精神诞生了。

在这层意义上，骑士精神并不是幻想。在中世纪、抵抗伊斯兰教的膨胀势力的改革运动和从侵略者手中、从大屠杀和毁灭中拯救国家的战争中，有带有贵族事物的战争。只有在这些事物具有宗教性、爱国性和慈悲心时，骑士精神的规则才能通过认可这些事物将战争理性化。

外行人（除了牧师以外的任何人）也不可能被培养来进行贵族理念服务，除非被培养到某种程度——通常是很高的程度——他们才能够给人们留下深刻印象。勇气和礼貌不能是口号，而对于人类生活不产生一定的影响。骑士精神给所有人带来了动人的理想，而他们中有许多都在服兵役。骑士精神也给女性带来了动人的理想，对她们来说战争只是无休止的烦恼。

幻想也有可能变成现实。人类可以通过他将要拥有的生活类型来控制他的命运。因此，正如赫伊津哈——中世纪晚期的荷兰历史学家所说，"骑士精神是'一把魔法钥匙'，通过这把钥匙，中世纪的人类可以向他们自己解释政治和历史的动机"。

他接着说道：

同时期的历史的混淆图案对他们来说太难理解了，他们像过去一样通过将骑士精神虚构成一种动力（当然这不是自觉性行为）对其进行了简化。这的确是一种非常奇异的、并且较为浅显的观点。我们接受的各种经济和社会势力以及成因是如此广阔。尽管如此，这种骑士精神统治世界的视角是肤浅而且是错误的，不过在政治方面却是最棒的。准则是对他们的看世界方式的缺点进行理解，他们从自己身上主要看到的是歪曲和混淆。十五世纪的战争可能是独立袭击和入侵的长期过程，而外交更是一个很严肃并冗长的阶段，在这个过程中，有关司法细节的许多问题都与很一般的传统和名誉之事相冲突。这一过程能够让他们认清历史中的社会发展的所有观念都是他们缺乏的。他们的政治观念需要具有一个形式，这时骑士精神观念便应运而生。通过这种传统的构造，他们也成功地向自己解释了历史的动机和过程，因此这变成诸侯荣誉和骑士优点的景象，也变成了带有教育意义和英雄主义规则的贵族游戏。

4 最后的骑士

为了有利于装饰，盾牌表面如上所述被划分为9个部分。盾牌右侧是观察者看到的左边，而左侧是看到的右边。

元素是指盾牌上描绘的数字或事物。这些元素中首要的是以下常见的几何图形。它们的范围比较广阔，也可以适当绘制其他元素。骑士精神是一种贵族理想也是一种生活憧憬，但它主要是让贵族获利。今天，尽管存在复杂工业文化的缺点，但是生活变得更加广阔，而在每堂课上都传播着美好生活的可能性。十五世纪的战争、封建主义的瓦解、远洋航线的发现、资产阶级的兴盛、文艺复兴以及

主要部分

荣誉

坦白

弯曲

V形臂章

十字

一般普通事物

元素是盾牌上表示的数字或事物。其中最主要的就是同上的传统几何数字。它们是多种多样的，可以正确地应用其他元素。

X形十字

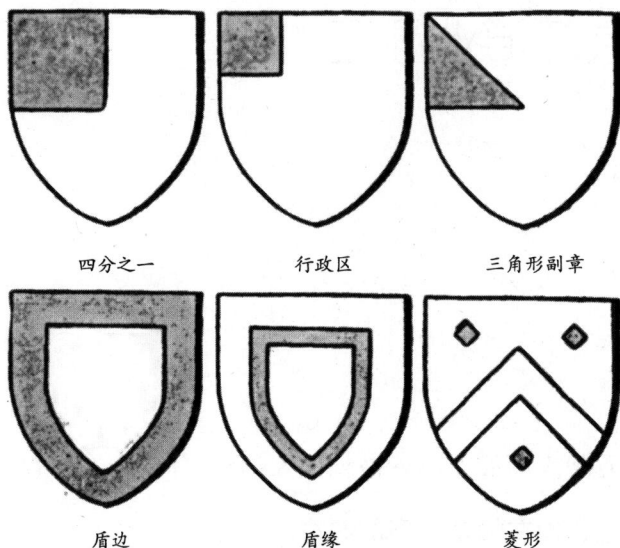

四分之一　　　　行政区　　　　三角形副章

盾边　　　　　　盾缘　　　　　　菱形

主要附属普通事物

附属普通事物是区别于纹章的其他的常见设计。其中，四分之一是盾牌的上四分之一部分；三角形副章是四分之一的下半部分，它被对角分开；行政区是区域的上九分之一部分。

宗教改革分解并最终毁灭了骑士精神制度。然而它一直持续到16世纪后半时期，结束于一场致命比赛，这种形式为其画上了浓墨重彩的绝笔。

1559年7月在巴黎之外举行了比赛，为了庆祝菲利普二世和法国伊丽莎白公主的婚礼。穿着整套盔甲的法国国王（亨利二世）参加了比赛，他骑上了一匹良驹并拿起了长矛。国王"掌握比赛"，意味着他必须与三个不同的对手进行三场比赛。在最初的两场比赛中，国王漂亮地折断了长矛并且成功地保留了他的掌控权。

最后，一个"又高又挺拔"的年轻人参加了比赛，他就是蒙哥马利伯爵。他们进行了激烈的斗争而每个人都折断了长矛。国王步履蹒跚但是仍保持着自己的地位，他掌控了比赛，但他还是要与对着他折断了长矛的骑士进行一个回合的较量。蒙哥马利请求宽恕，但国王仍然坚持着，这个年轻人勉强地服从了国王的命令，拿起了一根新的长矛。

骑士和国王重新开始了较量，喇叭和小号声停止了。两个对手的周围充满了紧张的气氛和死一般的沉寂。蒙哥马利拿着长矛的手颤抖着，国王将长矛指向了对手的盔甲，然而刺激的是蒙哥马利并没像过去的风俗一样投降，他仍然握着破裂的长矛并指向前方。当他骑着马经过国王的杆子时，他击中了国王的面甲，卡住并且将长矛抬了起来，于是碎片飞入了国王的眼睛。他在10天后便被处以死刑。这是在法国球场举行的最后一次比赛。

在这个致命的比赛的100年前，新型的士兵出现了，这种士兵并不具有骑士的世界性的服务理念，但是这些士兵武装起来保卫国家、享受友情和露营的勇气，尽管他们没有幻想战争比和平更好。这是"勒·儒弗恩赛尔"中给出的表达，这是一本描述在后来五百年的战争中的专业法国士兵的当代小说。

小说的作者是都兰的骑士简·底·巴埃尔，他的家族在阿金库尔战役中遭受不幸，而他自己于1424年在维尔纳叶进行抗争（英格兰的另一次轰动胜利）。他是La Hire学校的士兵，这个学校遭受了战争的伤害。在这里，为祖国而战的法国人"走投无路"，他们为生存而不是为荣誉和辉煌而战。简·底·巴埃尔毕生为皇家服务，他为专业军队的建设做出了突出贡献，而他自己也在常规军队中指挥着100名士兵。他于1477年去世，享年71岁，在那之前他资助了与他的家族息息相关的奥古斯丁修道院。

现在，简·底·巴埃尔——一名都兰的骑士以自己的经历将"勒·儒弗恩赛尔"解释为虚构的故事。故事讲述了作者如何在春天开始行程，此时在阳光的巨大影响力下，花儿发芽，大地恢复生气，但是他穿过的土地由于长时间的战争而"荒凉冷清"。"我想告诉你们的事实是这里更像野人窝而不像人类的居所。"他来到一座叫吕克的城堡并在这里待了一段时间来观察骑士的生活，也就是骑士精神的状况，他发现"所有希望获得荣誉和光荣的人都必须忍耐巨大的痛苦和起初的严肃。"战争的事实驱散了骑士精神的虚幻光芒，留下的只有艰难和英雄主义——士兵们自己意识不到的英雄主义，也是他的日常工作的一部分。

一个年轻绅士驻守在吕克要塞，他穿着简陋，没有马，甚至连一头驴都没有。尽管他徒步行走，但他拥有高尚的勇气，他仍然第一个主动提出要执行危险的任务。在年轻的骑士完成这些任务返回后，作者经常与他聊天。他温和地回答着，并诉说着他的经历："我知道"。巴埃尔写道："通过他的话语，我知道他对上帝充满了信心。"接下来就是年轻骑士的冒险故事，他的脸上始终挂着祥和的微笑。巴埃尔最后将其看作"皇储和君主"。

"勒·儒弗恩赛尔"这个文章并没有脱离赫伊津哈，他当时正在研究骑士精神的尽头。弗鲁瓦萨尔和查斯特雷因之间有较大的区别：

圣佐治的加冕骑士

在15世纪的微缩画对骑士精神的国际间的友好情谊进行了强调。这幅画描绘了腓特烈三世皇帝正跪在罗马、西班牙、英格兰（亨利七世）和法国皇帝的面前，接受加冕成为圣佐治军事令的成员。

几乎不可能在十五世纪的文学中引用另外一个作品能像勒·儒弗恩赛尔一样为那段时期的战争描绘出一幅如此冷静的画面了。我们发现了军事生活中的小灾难、贫困和烦恼、对痛苦的忍耐力和在危险中的勇气。一个城主召集了他的驻军，那里只有15匹马，它们又老又瘦，没有钉铁蹄。他让两个人骑在一匹马上，但大部分人瞎了或者瘸了。他们打算占领敌人的洗衣房来修补首领的衣服。被俘获的牛应要求被礼貌地送还给敌方首领。读了对夜间行军的描述，我们仿佛被寂静和夜晚的新鲜感包围。作品仔细描写了这里的军事。在作品中，法国宣告将产生"火枪手"、"老兵"和"法国兵"各种形式。封建制度的骑士被合并到现代的士兵之中，普遍的和宗教的思想具有了国家和军事性质。

然而，尽管士兵不再是世界性的骑士，他仍然保留着最基本的骑士精神。原因在于，根据"勒·儒弗恩赛尔"，他受到苦行主义的永远影响，将听从上帝的召唤承受痛苦并为他人服务。

"为了他人而拼命到死是一件伟大的事。"事实上，士兵们发现快乐超过了痛苦。

在战争中，人们可以听到、看见许多东西，并可以学到好东西。当争执是好意的，那么它就是公正的，它是为了保护正确的……当出于这种目的而

中世纪城堡大厅里丰盛的物质

时间的魅力在中世纪蔓延，迷惑了人们的双眼，让他们看不见残酷的现实。只有在贵族和有钱人们中才有可观的物质享受，这主要显示在城堡大厅中充满的丰盛物质中，显示在仆人和随从护卫的军队以及吟游诗人的娱乐和女人间和蔼的对话中。

产生战争时，战争就不令人讨厌，并且是对年轻人有利的。他们都是上帝和世界的朋友，他们在战争中如此相亲相爱。在看到你的朋友英勇地拼命执行并完成上帝的命令时，我们感到了忠诚和怜悯。然后你将准备好和他同生共死，出于爱，你将不会丢下他。值得高兴的是，没有经历过这一切的人将不会对其意义进行解释。你觉得一个肯这样做的人会畏惧死亡么？不会的，因为他如此安慰，如此着迷。他不知道自己所处的位置，他当然无所畏惧。我相信他在这个世界感到开心，接下来他会带着这个思想进行武装，他是上帝真正的仆人。赫伊津哈说，这些话显示了"勇气的核心，对危险感到兴奋的人走出了他狭小的自我主义，带着对同伴的英勇行为难以言状的触动，对于忠诚和牺牲的狂热——总之，带着贫困和自发的苦行主义思想，这就是骑士精神的基础。"

第九章
文艺复兴思潮

W. 罗曼. 帕特森【编】

W. 罗曼. 帕特森：文学硕士，著有《国家的克星》等书。

7 思想的解放

尝试在特定时期内掀起欧洲头脑风暴的伟大运动，被我们称为文艺复兴，有人称是自但丁开启（1265—1321）至伽利略（1564—1642）终结。其实在但丁时期之前，就已经出现了"复兴"思潮，而在伽利略之后仍长期活跃。但丁的《新生》，被称为第一本现代忏悔录书籍，因为书内描述了但丁与爱人贝雅特丽采之间的爱情，提到了距当时有150年历史的普罗旺斯诗歌，显然指向的是行吟诗人，如尧弗雷·鲁德尔、伯纳·德·旺塔杜，不过他可能回溯的时期更为久远。如我们所知道的第一个行吟诗人，阿基坦的吉尔海姆（生于1071年），在他的诗歌中，已经出现了文艺复兴思潮的觉醒。

在法国和意大利行吟诗人的歌曲中，经常出现"欢愉"一词。阿基坦的吉尔海姆宣称他要写一首歌曲，"充满了爱、欢愉还有青春"。这令我们想起了文艺复兴时期最伟大的画家之一——柯勒乔，他会在自己的作品上签上"列托"一词，意为幸福，这不仅是因为他的本名有着相同的含义，更是因为工作能为他带来最为强烈的幸福感。文艺复兴有其自身更为庄重和神秘的气氛，但其本质是为重新发现生活中的欢愉。人们的思想和感觉得以颠覆，解放了长期被禁锢的欲望。而行吟诗人则为文艺复兴书写了黎明之歌。

由波提切利所绘制的迷人古典幻想之作

1485年至1488年间，波提切利创作出了他的第二幅古典幻想杰作，即《维纳斯的诞生》，如早期作品《春》一样，均是为洛伦佐·德·美第奇的城堡别墅所画。这幅画作的灵感可能来自于拉丁文学白银时代的迷人之作《给维纳斯的祈祷词》，它与波提切利天才般的精神得以完美的契合。

春

桑德罗·波提切利从世界的自然之美中获得灵感，是最早将自然景观以适当方式用艺术形态体现的群体之一。装饰感，精细复杂的天才设计，展现动态之美的熟练绘图技巧以及传达出露天之感的能力，无不体现着波提切利独特的才能。上述种种均在他于1477年所作的寓言画作《春》中得以体现，该作品是为他的资助人洛伦佐（皮罗耶·弗朗切斯科·德·美第奇的儿子）所作。

现在将目光从诗歌转向哲学，我们发现阿贝拉德在但丁诞生的两百年前，就已经先行打破了中世纪的思想桎梏。此外，阿贝拉德与赫罗伊斯之间的爱情悲剧，似乎也将其与文艺复兴的悲伤论调"人性的，太人性的"联系起来。如果我们再从哲学跳跃至科学，发现有罗杰尔·培根当时正准备着为人文主义拓宽道路，他著有地理方面的专题论文，启迪了哥伦布。另外，假设承认1642年标志着文艺复兴的终结，我们应当将威廉·哈维的职业生涯作例外处理，他于1616年在伦敦授课，发现了血液循环。他在伽利略逝世的15年之后离开人世。

文艺复兴的界限是富有弹性的。中世纪时期存有现代思想，而现代世界也流传着中世纪的思想。在文艺复兴时期，有一个开明的统治者乌尔比诺斐德列克公爵，他的藏书在很多方面比当时的牛津图书馆更为丰富，并宣称如拥有印刷书籍将为此感到羞耻。因为当时最新发明的印刷术，正与抄写员的工作相互竞争。同样的道理，在19世纪拉斯金表达了对蒸汽机发明的反感，甚至拒绝靠近铁路，而透纳则抓住了新兴事物的机遇，最先绘制了火车。

因此，我们不应将文艺复兴仅仅视为局限在一定空间和时间内经定义的历史时期，它代表着一种思想状态、一种气质环境以及一种精神力量，尽管可能找不到集体的表达，可依然鲜活。文艺复兴思潮所倡导的是拒绝满足于未经检验的传统，无论这种传统是艺术或是科学的，是政治还是宗教内容，无一例外。它对自然和人类的拷问，是当今我们各种疑问的发源。

谈到文艺复兴，如果只联系到"人文主义"这个词，依然具有深远的历史意义，但学识在自身的领域内可能已足够引起人们的兴趣。假设他们始终没有看过希腊和罗马的手抄本，以及从未发现希腊雕像或者罗马抄本，欧洲生活的重建事业依然必定发生，因为新的需求已经出现。

　　事实上，在某些时候，为满足这些需求而生的新生力量会受到某种威胁。某些拥有希腊罗马领域成就的文艺复兴领导者，因对过去过于盲目地崇拜，阻挠或意图改变这些新生力量。最重要的成就往往不是出自那些严守着卓越只存于古代文明信条的人，而是那些针对艺术与自然提出新问题的人，他们有着天才般的观察和表达能力，他们采用这种方式，代表古代伟大创造的自由精神。

　　如果认为在意大利文艺复兴时期的任何书籍、图画或者雕像，必然是那个时期真实的思想写照，这完全是一种自我误导。在其他每一场伟大运动中所发现的成就，无不是原创与模仿，进取与胆怯共存。开拓者和墨守成规的人之间总是存在着差异。彼特拉克是位伟大的人文主义者，但他的作品是用拉丁语书写，并充满着古典寓意，与几乎不具备任何教养且品质恶劣的阿莱廷诺相比，所呈现出的新时代特征反而更少。又或者，如果想要洞察文艺复兴时期代表艺术家的动机和情感，可以看看本韦努托·切利尼的自传。而彼特拉克会认为他就是一个文盲，因为其在描述佛罗伦萨街道时所使用的语言和俚语是不合文法的。

　　薄伽丘在谈论但丁时提到，很多智慧且富有学识的人经常讨论其使用意大利语书写而不是拉丁语书写《神曲》的原因。以彼特拉克为首的学术界一致认为，古罗马时期所使用的语言是文学表达的最高境界。实际上，但丁一开始是使用拉丁语写诗，但是后来决定采用"本土语"。这个决定意义重大，不仅关乎于他自己的名誉，还推动了文艺复兴伟大语言之一的发展。

　　诚然，拉丁语的使用持续了很长一段时间，在科学与外交方面均被作为国际媒介使用。哈维就是用拉丁语来写作他的血液循环论文的。但是由于每个国家的特征各有不同，就需要一个国家自己的语言表达方式，这是文艺复

柯勒乔自画像

柯勒乔（1494—1534），本名为安东尼·奥乔，代表着明暗对照艺术的最高成就，专攻油画和壁画。几乎能够肯定上图为柯勒乔的自画像，可能是他亲手绘制的唯一一幅肖像画。

米开朗基罗头像

具备无以匹敌的力量，不苟言笑，不向现实妥协的正直以及悲情忧郁的性格，这就是真实的米开朗基罗（1475—1564）。上述词句字字确凿地印在这座铜制头像上，来源于米开朗基罗自己的工作室。

兴时期的一大特点。如果没有各种不同的语言，就不会出现风格多样的现代欧洲文学。突破传统的但丁，只允许自己在情歌和十四行诗的写作中使用通俗的语言。在《飨宴》中，他攻击了佛罗伦萨人，蔑视那些渴望使用本土语言的人的行径，就凭这一点，就奠定了他对文艺复兴的重要影响。

但丁和彼特拉克之间性格和天赋的对比，是一种力量之争，再现于整个文艺复兴时期，可为我们提供引导。最伟大的艺术家是动态而富于装饰性的，他们在展示元素力量的同时，也保存了形式美感。而但丁、米开朗基罗和列奥纳多·达·芬奇们，更是在挑战思想的同时还能满足审美。实际上，他们的作品，比彼特拉克、拉斐尔和提香等人相应的作品寓意更为深刻。彼特拉克开始模仿米开朗基罗的做法，就证明了他已经开始不满于自己的想象。但即使是彼特拉克般最狂热崇拜者，也无法自己认为已成功地窥探到米开朗基罗的奥秘。这种奥秘是无法传达的，它是米开朗基罗骨血里的东西，与本人的天赋是密不可分的。

只要将创造性思维的多寡加以区分，进行剥离，就能够发现文艺复兴时期人们努力的真正价值和意义所在。但丁的艺术是力量与美的集大成者，是文艺复兴时期所有最优秀艺术家追求的理想。直至1359年，55岁的彼特拉克在薄伽丘的迫切请求下，同意阅读《神曲》，薄伽丘为此曾专为当时过分讲究的人文主义资深人士准备了特别抄本。彼特拉克带着几分高傲承认，虽然其形式是"通俗"的，但主题一定是"高贵"的，"通俗"说的是书写语言是意大利语，而非拉丁语。这样一番陈述证明彼特拉克发现了自己之前所坚持的是错误的。他似乎开始意识到了这一点，因为在阅读但丁著作后，他采用了相同的"本土语"创作了《征服》，其中赞颂了行吟诗人，而事实上他是这个群体的最后一人。

我们可通过对比彼特拉克和但丁，来证明文艺复兴时期元素力量多寡之间的差异。有一个群体无论是在生活中，还是在艺术上都在冒险。而彼特拉克则不在此列，巴尔多利曾描述其为"现代第一人"。但事实上，但丁更具现代性。文艺复兴对当前的解放程度，比彼特拉克所意识到的层次更深，影响更为强烈，新兴力量通常所依赖的源头，往往遭到他的蔑视。

比如我们曾提到的本韦努托·切托尼就是一个典型的文艺复兴艺术家。他将著名的自传手稿寄送给瓦尔奇——一位历史学家且是米开朗基罗的朋友，请求他使用优雅的意大利文进行改写，以适合博学者及上流社会读者的品味。但瓦尔奇劝说切托尼将这本自传按原文印刷，因为如果一经篡改，将会降低其价值。最终为世界保存了那个时期和人物最为生动的叙述之一。

② 理想和现实

我们很容易倾向于认为，文艺复兴仅仅是一段装饰艺术竞相发展的时期，然而要知道在这期间很多最伟大的艺术家比纯粹的装饰目的想要表达的是更多其他内容。例如在西斯廷教堂米开朗基罗的壁画中，有着比起装饰目的更为深刻的东西，即一种深厚的情感，如《摩西像》和《奴隶》。沃尔特·佩特富有声望的作品中，就用"甜美"之词赞赏很多文艺复兴时期的作品。而我们正危险地远离本应将主要精力放在这个时期意在创造某种迟缓魅力的印象上。我们遗忘了那个时期粗暴的现实、政治动荡和持续的战争中断了艺术家们的创作，还面临着经济压力以及政教间毁灭性的争斗。

如想要尝试发现文艺复兴时期艺术创作者们性情的差别，或许可以从米开朗基罗在完成西斯廷教堂顶棚壁画后，在与教皇朱利叶斯二世会面的故事中窥知一二。相传朱利叶斯二世抬头看向先知的轮廓后，抱怨称没看到有金色，米开朗基罗斥责他说"这，都是些朴素的人，哪会穿金戴银。"但拉斐尔却在伟大的壁画作品《争辩》中使用了大量的金子，与他这种奢侈浪费的风格相比，老一辈的画作似乎显得更为朴素。

事实上，当时就有人批评米开朗基罗的《末日审判》，认为其色彩过于单调。米开朗基罗的个性过分张扬，坚持自我。当被委任绘制西斯廷教堂顶棚壁画时，他表示绘画不是他的艺术，并慷慨地推荐了拉斐尔代替他。但随后他注意到拉斐尔和其他人正在模仿他时，他又指出了自己与他人理念的总体区别。朱利叶斯二世惊呼道，"真拿他没有办法，他真是可怕！"有一次，米开朗基罗无法获得会见，便突然离开了罗马，他在给朱利叶斯二世留下消息时说："如果教皇想见我的话，他会要求在别处找我。"

相反，拉斐尔则显得更为恭顺，会逢迎主顾的想法。他绘制了朱利叶斯

拉斐尔的装饰设计成就

最能明显地体现拉斐尔精炼的设计以及对大型空间华丽装饰的天赋的，可能当属他最具代表性的梵蒂冈壁画作品《争辩》。所有直线和曲线都导向中央的圣坛，其上放置有圣体匣与灿烂的天空交相辉映。下层人间神父以及各教会政要的活跃，与上面天上诸神的宁静形成对比，最上面是奉遗和普智天使，呈平行弧线。

起死回生的大理石

1501年，年仅26岁的米开朗基罗用一块被丢弃的大理石块雕刻出了他的经典之作，《大卫》象征着新佛罗伦萨共和国不畏强敌的精神。1873年被移送安放在维琪奥王宫外。

二世的肖像画，还在伊利奥多罗厅绘制了举世闻名的壁画，其后为继任者利奥十世所钟爱。米开朗基罗声称他和朱利叶斯二世之间所有的麻烦都是源于拉斐尔和布拉蒙特的嫉妒与阴谋，但他也曾给予其慷慨的赞扬。不过，当拉斐尔忙于监督戏剧演出，致力于利奥宗座廷的礼仪时，米开朗基罗则放弃了毛刷与凿子，为佛罗伦萨设计和建造防御工事。

必须承认的是米开朗基罗对风景画的造诣不高，他几乎是用图表的方式再现自然，主要精力集中于稳定粗壮的线条。他对意大利中部干燥而明朗的气候烂熟于心，但风景的轮廓却让他犯难。因此，他说如果提香通过严格训练开发他的自然天赋，他甚至将会成为更伟大的艺术家。米开朗基罗似乎忘记了，提香曾经可见识过亚得里亚海的黎明与黄昏。

米开朗基罗是在奶妈家被抚养长大的。由于奶妈的丈夫是个石匠，自孩提时期开始，他就熟悉并记忆了各种最漂亮的石材。文艺复兴时期艺术百花齐放，一方面有米开朗基罗和曼特纳之类的艺术，另一方面还有拉斐尔和提香流派的画家，这似乎也正是威尼斯画派最伟大的大师之一丁托列托所想要实现的理想。丁托列托曾在工作室中写下这样一句话时刻提醒自己，即"米开朗基罗的线条造型，提香的色彩运用"。

米开朗基罗可能太过从雕刻家的视角去看待绘画工作。他在一首诗歌中将雕刻定义为"原始艺术"，意思是艺术之首，也提到绘画是极好的，已经接近于"浮雕"的程度。本着蔑视纯装饰设计的态度，他还曾宣称绘画和画刷都是女人的活计。米开朗基罗经常独自漫步在卡拉拉大理石山间，观察石头的原生形态，还建

文艺复兴之星

拉斐尔·圣齐奥（1483—1520），师从佩鲁吉诺，其后研究了多纳泰罗、米开朗基罗以及达·芬奇的作品。1508年，回到罗马，在那里完成了最负盛名的作品。这张自画像可能是拉斐尔于1506年所作。

议将整个靠海的那面凿成一个巨大的雕像，让水手们在海上能远远地看到，但这个提议遭到了拒绝。

这一时期的艺术是令人震惊的带有埃斯库罗斯风格，如米开朗基罗就对美有着异乎寻常的追求。他从不进行肖像绘画，据瓦萨里称，那是因为他怕要画的是一张不漂亮的脸，或许最能体现这种风格就是《大卫》。据传当时的原材料已经被另一个雕刻家毁坏，又被闲置了35年之久，还曾被送给过其他艺术家，其中还有列奥纳多·达·芬奇。人们觉得恐怕它已经被凿去了

耶和华的先知——摩西

这幅《摩西》雕像所代表的苛刻，与《奴隶》所传达的辛酸痛苦形成了强烈的对比，也是米开朗基罗为朱利叶斯二世的陵墓而设计的，是教皇纪念碑中唯一一件完全由他亲手制作的雕像，位于罗马圣彼得镣铐教堂。

太多材料，但米开朗基罗克服了这个问题，他经常说，身为一个雕刻家，眼睛就应该是他的圆规。事实上，他最先制作了一个蜡模型，设计就已经在他的脑海中清晰成型，在没有做过精确测量的情况下，就着手在大理石上进行雕刻，最终创造出这个举世闻名的雕像，每一个前往佛罗伦萨的访客都必定会一睹它的风采。

许多文艺复兴艺术家们具备的特征之一，是能够发挥多种艺术天赋。拉斐尔是一位画家的同时还是建筑师及诗人。米开朗基罗在历史上被称为雕刻家、画家、诗人、军事工程师以及文艺复兴时期伟大的建筑师之一。在72岁时，米开朗基罗被任命为圣彼得教堂的总建筑师，其间他改变了伯拉孟特的穹顶设计。

列奥纳多·达·芬奇涉猎范围更广。事实上，我们很难发现他真正的兴趣是不是在艺术上。达·芬奇不仅是最伟大的画家之一，还是原始自然研究员，包括自然的有机和无机形式。他似乎没有在中世纪上做文章，就已经实现了自我解放。达·芬奇有大量关于科学观测的笔记流传于世。就像米开朗基罗一样，他也进行人体解剖，以增加解剖学知识，同时还写了著名的有关绘画、鸟类飞行、化学实验以及机械发明的论文。另外，尽管他称战争为

"野兽般的愚蠢"，可他还是为恺撒·博吉亚绘制了大型地图并成为他的军事工程首席顾问。著名的蒙娜丽莎肖像画，展现了达·芬奇对人类特征的洞察力。

列奥纳多·达·芬奇自身的性格有些隐晦，令人难以捉摸。他经常会退出人们的视线，转而思索人类生命的奥秘。尽管如此，他还是进入了卢多维科·斯福尔扎宫廷，为节日庆典建言献策，并在那里度过了16年的时光，同时还为斯福尔扎绘制了《最后的晚餐》，尽管其已破损，但还是能够打动所有见过它的人。

我们更期望文艺复兴时期的艺术家们都能在一个安静平和的氛围中工作，但事实是他们有诸多麻烦缠身，并经常被迫为竞争对手的恩主服务。米开朗基罗就为说服自己接受朱利叶斯二世的报酬，做了长期而痛苦的斗争，更有列奥纳多·达·芬奇在恳求利奥十世继续聘用自己未果后，不得不离开意大利前往都兰，并在那里度过了人生最后的时光。可以确定的是，那时他们为生存还有名誉而战的恳切程度绝对不逊于当今。

在上述部分中，我们尝试着对文艺复兴时期的两种不同创作流派加以区分，并指出两者深刻程度的比较。列奥纳多·达·芬奇在于寻求洞察世

米开朗基罗的《晨》

米开朗基罗在圣洛伦佐教堂设计建造了圣器安置所，此为美第奇家族的一处陵墓，但他仅完成了洛伦佐和朱利亚诺·德·美第奇纪念碑雕像。其为两组高质量成对的巨大寓意性肖像，上图所示为其中之一的《晨》，是洛伦佐的墓前纪念碑。

界的奥秘，而不仅仅只是描绘表面的荣耀。如果我们现在将更多鲜活的人物一一列出，就会发现其中大多数人的年龄至今未详，民间有很多说法与权威相冲突。科学或宗教，文学或艺术熟练的投机主义者们发现了一条更为轻松的路，或者

勾勒面部和形态轮廓的最高境界

米开朗基罗于1508年和1512年间创作了西斯廷教堂的顶棚壁画，该壁画是改编、装饰以及建筑的完美结合。描绘了《创世纪》从开天辟地到洪水方舟的故事，该图展现了造人一说，上帝的手指使亚当四肢充盈了生命。上方图片是这位伟大艺术家所绘制的草图，名为《埋葬基督》，实际上并未完成。米开朗基罗所有激情的展现，都呈现出一种宁静之美，剔除了哪怕是一点点的厌恶。

传世杰作：列奥纳多·达·芬奇《最后的晚餐》

列奥纳多·达·芬奇（1452—1519），可能是有史以来最多才多艺的天才，曾在佛罗伦萨师从委罗基奥，并在洛伦佐的资助下持续工作，这种美好光景持续至1483年，他接受邀请服务于米兰卢多维科·斯福尔扎（人称依·莫罗）宫廷。他在服务期间于1495年在圣玛利亚感恩教堂的修道院教堂餐厅内绘制了举世闻名的《最后的晚餐》。画作采用的是彩蛋画法，因气候条件受损严重，但仍不失为至尊杰作，呈现了最后的晚餐中所有基督教徒的典型代表。

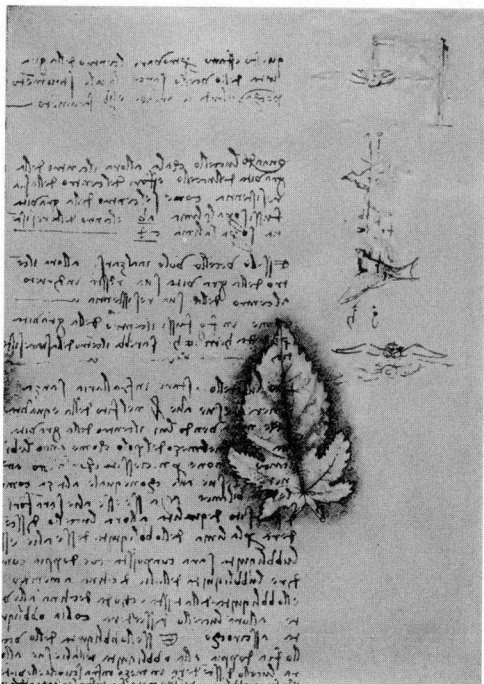

列奥纳多·达·芬奇的笔记摹本

列奥纳多·达·芬奇的天赋没有尽头。直至离开人世，他留下了各种科目大量的笔记。左图是有关飞机制造笔记其中一页的摹本，运用反向书写，有"镜子"密码，并配有鸟类飞行的草图，关于那片树叶图则没有任何相关文本说明。

列奥纳多·达·芬奇自画像

除了独赋异秉的智慧以及无人能及的创造性天赋，列奥纳多·达·芬奇天生还被赋予了出众的外貌，具有个人魅力且性情温和。所有这些品质均可以从这幅自画像中分辨出来。

掩盖起自己真实的想法，或者依靠有权势的朋友，既能保住性命又能累积财产。而更多不愿妥协的天才不惜大胆地表现着自己的智慧或者道德的独立，或入狱，或被流放，或者被绑在了火刑柱上。开拓者的历史通常弥漫着灾难。

帕拉塞尔苏斯在他努力推行现代化医药时甚至与药剂师发生了冲突，嘲笑他们的处方和治疗方式早已过时，后来在巴塞尔被剥夺了教授的头衔。康帕内拉为寻求证明自由的政治与宗教思想，被处以27年的监禁。焦尔达诺·布鲁诺，则由于接受了新的天文学和有关自然的新式观念，反对当时死气沉沉的传统学术，在罗马被当作"异端"烧死。萨佛纳罗拉，尽管以反对文艺复兴而闻名，但最终也在某种意义上转化为文艺复兴的力量，被处以绞刑，尸体也被烧掉。及至马基雅维利，因涉嫌参与反对美第奇家族的阴谋，受以酷刑。尽管克莱孟七世曾核准哥白尼的日心说，这一理论却让布鲁诺陷入灾难，也差点让伽利略吃尽苦头，其证明了与《圣经》的理论相反，地球是围绕太阳转的。为此，伽利略陷入了危险，虽逃脱了酷刑，但被强迫放弃信仰，并被勒令在三年间，每周重复抄写7篇悔过诗。事实证明，中世纪的影响已经蔓延整个文艺复兴时期。

3 思潮的蔓延

意大利成为希腊罗马文明复兴之地，也是理所当然。在整个中世纪，意大利人一直清醒地意识到罗马史就是他们自己早期的历史，而罗马则是得自希腊的传承。古代的联系从未被完全打破，但丁就曾在他的《论世界帝国》中尝试着将当时的意大利与恺撒时期的意大利联系起来。

首次重大历史事件，即1453年君士坦丁堡的陷落，加速了即将蔓延世界各地的变化。红衣主教贝色伦在逃离被土耳其占领的希腊时，同时带往意大利的还有600本古抄本，并有异教徒和基督徒同往。很快，抄写员就开始忙于重现古代典籍。重新发现曾一度在意大利蓬勃发展的古代艺术的举动，造成了不小的震动，为此伟大的人文主义教皇庇护二世颁发了一道教皇诏书，命令保护古代历史遗迹。教会停止对异教徒的迫害，而基督教倡行的理想取而代之，再次渗入人们的生活。此外，曾一度为神职人员独占的中世纪文化，在随处可见的古代艺术杰作或抄写本的支撑下，作为新的学问开始把触角伸向更为广泛的受众，包括富裕及有权势的普通人。

这种延伸最有效的原因之一在于重新开设了中世纪课程。旧时期的学校仅教授天主教教会法、市民法、神学、天文学（如果能称之为天文学的话）课程，而现在则扩充至包括希腊罗马文献的新研究。意大利的大学纷纷从各国招揽专家学者教授课程，如意大利的绘画学校就招揽了国外的艺术家。

能够展现这一时期特征的不仅在于大规模的艺术作品和公共纪念碑，还表现在平民生活的各个角落，有家庭用具、家具、地毯、瓷器、陶器、服饰、珠宝、花边等男男女女日常接触的方方面面。文艺复兴在所有的艺术和手艺上都留下了印记，尽管象牙雕刻和玻璃彩绘的成就确实无法与中世纪时期相媲美，但其对新形式美的渴望，体现在各个行业，如陶器、金匠和银匠的工艺，甚至是锁和钥匙的制造生产。本韦努托·切利尼、丢勒以及小汉斯·霍尔拜因等艺术家还设计了戒指，并热衷于宝石工艺。

恺撒·博吉亚

恺撒·博吉亚（1475—1507），是教宗亚历山大六世的私生子，文艺复兴时期的典型代表人物，是一位杰出的颇具韧性和才干而行事完全肆无忌惮的政治家。他还是很多艺术家的恩主，特别是列奥纳多·达·芬奇。

卢卡·德拉·罗比亚可能是同时涉猎宏伟的雕刻艺术与卑贱的制陶工艺的最典型代表。他曾雕刻了圣母百花大教堂唱诗台十个宏伟的大理石浮雕，还设计了圣器安置所之一的铜门，而在余下的日子里却成为了一个赤陶雕刻家，发明了新的上釉方式，从而创造了新形式的美感。在他之前确实已经存在有雕刻和浮雕珐琅彩绘，而他的贡献是将这种蹒跚学步的工艺推向了极致。

陶瓷工业伴随着人类文明有着古老的历史，在古希腊和某些东方国家变成了一种精美的艺术。在罗马帝国衰落之后，这个行业的秘诀似乎在欧洲失传。中世纪时期只能制造出简陋的粗陶，而在文艺复兴时期，陶土又一次成为艺术设计的温床，但其促进作用并非来自于意大利，而是摩尔人和西班牙人。事实上"意大利的花饰陶器"一词，取自意大利的马略卡岛，是巴利阿里的港口，船舶从这里向意大利运送西班牙的瓷器，这种瓷器最先为意大利制陶师提供了制作模型。

文艺复兴建筑所体现的人文主义

这座著名的建筑物体现了文艺复兴时期的建筑特色。在古旧的布卢瓦城堡基础上，中部建有开放式楼梯塔、镂空的栏杆以及数量众多的窗户，就是这样，弗朗西斯一世点燃了文艺复兴在北方的星星之火。

不过，意大利人很快就丰富了新的艺术设计。在14世纪和15世纪，古比奥制造出了精美的瓷器和陶瓷边饰，这种情况还出现在法恩扎，是位于艾米利亚的一座城市，"上彩釉的陶器"（指彩陶）一词正是由此而得名。

4 欧洲与文艺复兴

整个十五世纪以及十六世纪早期，欧洲的其他国家与意大利相比，仍旧处于半野蛮阶段。弗朗西斯一世不仅被迫邀请了意大利的建筑师为其服务，如列奥纳多·达·芬奇、安德烈亚·德尔·萨尔托，以及最伟大的金匠本韦努托·切托尼，还在宫廷内召集了制作宗教章牌的意大利雕刻师，如那萨罗和拉麦里。宫廷的意大利丝绸织工擅长编织金线布料和丝绸挂毯，使用的丝线均来自利古里亚和斯托卡纳。然而，里昂的织布机却几乎毫无用处，事实上直到十五世纪中期左右，才有人再次将丝绸工业从意大利引入这座城市。那么，如果说连邻邦法国都如此落后，那么文艺复兴直到很久之后才在英国兴起也就不足为奇了。

然而，我们决不能忘记，亨利七世也曾邀请本韦努托·切托尼的朋友托利贾尼，设计了威斯敏斯特大教堂的皇家陵墓。亨利八世则是召集了托利贾尼和霍尔拜因共同为他服务。后来更有依理高·琼斯，为了在白厅兴建新的宫殿，返回意大利寻求设计灵感，而在国宴厅上，我们则能看到帕拉第奥对英国建筑的影响。至于圣保罗和克里斯多佛·雷恩爵士其他伦敦教堂则均为文艺复兴时期的建造风格。

现在让我们暂时将目光放在玻璃表面着色艺术上，会发现意大利并非这项艺术的发源地，而是借用别国的经验，反而是欧洲北部可生产出最精良的窗户。彩色玻璃在真正意义上不是文艺复兴时期的特色产品，在中世纪时就已经与哥特式建筑达到最完美的结合。法国向意大利出借了他们的玻璃画家，如让·赞库就是一位卓越的玻璃着色工，他在文森和桑斯制作的窗户就在该领域内位于文艺复兴时期最精良的作品之列。

值得一提的是，为迎合文艺复兴时期的潮流，即使在北方，人们也尝试着让教堂更为透亮。窗户不再是遮挡光线的玻璃面板，而是被一种更为透亮的材质所取代。

这在显著意义上代表了文艺复兴的精神，创新了一门真正的外来艺术，

乔托作品之《亚西西圣方济之死》

乔托的壁画采用蛋彩画法，经历了多重岁月的洗礼，几经修复。其中最负盛名的作品位于佛罗伦萨圣克罗齐教堂巴第礼拜堂，描绘了圣方济的生平场景。大约绘制于1317至1330年间，通过多余的装饰，特色性地真实呈现了自然与自由。上述壁画展示了圣方济在临终之时艰难地表达一个亡人的愿景，祝福亚西西。

多那太罗名作之《大卫》

多那太罗（1386—1466）是早期雕刻领域倡导文艺
复兴精神的奠基者，是自古典时期以来最优秀的
单人物雕刻家。《大卫》（1430年）铜像是文艺
复兴时期首个裸体雕像。

因为人们对窗的需求多过于弥撒绘画。再者，着色玻璃之前一直是教会专用的，现在开始融入平民百姓的建筑当中。玻璃也被制成了薄板状，而且教会建筑使用的玻璃也变得更加透亮，同时还发明了一种现在用于狭窄隔间的设计，这种隔间最先是用于实施监禁的地方。其形式丰富多样，一时间百花齐放，还将触角伸向了蔓藤图饰领域。不过这种艺术在十六世纪已经衰退。

另一方面，意大利人也开始实现多种玻璃的使用方式，同时关注实用性和装饰价值，威尼斯成了最重要的工业中心。正如威尼斯的花边制造领先于佛兰德斯，威尼斯最先用玻璃镜取代钢镜使用，直至十六世纪时，玻璃镜还在整个欧洲得到广泛应用。此外，意大利的水晶工匠促进了波西米亚的玻璃工业，可以说整个欧洲玻璃制造业的发展是源于与威尼斯之间的竞争。

再谈一谈装饰方面，文艺复兴时期的艺术被描绘为"一场艺术巡游"，我们不能否认过度的装饰标志着一定的衰落。在某些情况下，文艺复兴时期的陶器、珠宝、金匠行业、银匠行业以及玻璃工业，为丰富设计出现了超负荷和艰辛的趋势，艺术家们会选择忽视其本身的性质转而在其他方面下工夫。随着进一步的诱惑，更是牺牲了表面之外的所有东西。不过，随着装饰性影响的过度庞大，也唤醒了文艺复兴影响下几乎所有人类生活关于对美的渴望，如唤醒了双手对竖琴这种沉寂已久音乐的渴望。

波提切利自画像

桑德罗·波提切利（1444—1510）是最早打破中世纪传统的意大利画家之一。这幅自画像出现在他于1477年绘制的《三贤士朝圣》画作中。

我们注意到，文艺复兴时期的艺术家会交替采用基督教和异教主题，有时还会将其相互糅合。如米开朗基罗的《先知》，就同时出现了男女先知，而拉斐尔则在绘制教会颂歌的草图中融入了希腊神话。文艺复兴时期，异教徒与基督教共存，而希腊与罗马诸神，或者至少是他们的痕迹，也渗透了基督教的艺术。

"异教精神"同样笼罩了梵蒂冈，而教会也并不打算处理或者制定统一的政策，来针对这种新的学说和对异教世界觉醒的兴趣。人文主义教皇的继任者有可能是人文主义的敌对者。利奥十世身为美第奇家族成员洛伦佐之

子，荣耀加身，就继承了对艺术的热爱，而他的继任者阿德里安六世，则反对文艺复兴思潮。1516年8月17日，利奥发出一份教皇通谕，任命拉斐尔管理罗马的古迹及发掘工作。

这位人文主义教皇在位期间，艺术家、学者以及饱学之士都享受到了最慷慨的资助。尽管利奥的艺术资质远低于他的父亲，只是凭着一个艺术爱好者的直觉，但他能做到保护所有形式的人文主义，也是他批准印刷了近期发现的塔西佗作品。在任期后一段时期他开始狂欢作乐，也正是在这段时间，自野蛮的北部引发了宗教改革运动，意图强夺四分五裂的基督教教会。

如果没有恩主特别是没有教皇们的资助，文艺复兴时期的艺术家们肯定无法完成那些伟大的杰作。不过，那些汇入分裂的意大利夺取了一个或多个城邦统治权的政治投机者，几乎总是在身边召集了一群艺术家和学者，创造宫廷所缺乏的威望，否则将适得其反。这

铭刻在大理石上的孩童

此为卢卡·德拉·罗比亚在1431年和1440年间，在佛罗伦萨教堂的唱诗台雕刻的10块高浮雕中的一个。十五世纪的雕刻作品均未能达到此成就，它最精准地再现了孩童自然而优美的动作。

也正是米兰公爵卢多维科·斯福尔扎急切利用列奥纳多·达·芬奇为其提供服务的原因。

然而，几乎很少有恩主能够以相当高水准的，不偏不倚的态度对待文化，能做到此的代表为乌尔比诺公爵（曾被英格兰国王亨利七世授予嘉德勋章）宫廷。关于此宫廷，在卡斯蒂廖内所著的《侍臣论》中有着精细的描绘。此书是文艺复兴各类书籍中最为经典的著作之一。

切托尼之作

本韦努托·切托尼（1500—1571），史上最伟大的金匠，在大约37岁时在巴黎拜访了弗朗西斯一世宫殿。在此期间制作了这个精美的黄金盐瓶，国王称其为"华丽之作，价值一千金克朗"。切托尼在他的自传中对自己做了忠实的描述，并告知自己的年龄。

⑤ 时代下的冲突

　　文艺复兴是一个人才辈出的辉煌时期，但也充斥了卑鄙的利己主义，能为这种光明与灰暗交织的情形提供对比研究的当属利奥十世时期一位名叫阿莱廷诺的绅士，他与卡斯蒂廖内同属一个时期。要讨论这个时期，就不能忽略此公，他是提香的好友，却不断以诈骗的手段获得收入，恐吓亲王、高级教士、艺术家以及学者，威胁他们把天赋赠给自己，否则就揭露他们的秘密。

　　通过这样或那样的手段，阿莱廷诺似乎已经累积了超过一百万法郎的财富，在威尼斯过着奢侈的生活，在那里受他讽刺的人不在少数。海雷丁·巴巴罗萨以及苏丹·苏莱曼还给他送过礼物。此外，还值得一提的是，他在《基督生平》中表达了要成为红衣主教的意愿，也就是他还没惦记上紫衣主教的地位，而教皇朱利叶斯三世授予他圣彼特修道会骑士的荣誉。至此，我们可能已经窥探到文艺复兴光辉表面之下那种奇怪的道德混乱。

　　尽管有诸如阿莱廷诺、阿里奥斯托、马基亚维利这样的异类写作戏剧，但意大利没有出产过任何戏剧杰作。意大利文艺复兴在此艺术范围没有任何建树，我们要将目光转向西班牙的卡尔德隆、葡萄牙的卡蒙斯，尤其是英国的莎士比亚。意大利人的天赋本质不在于戏剧，古罗马的戏剧根本无法与古希腊相比拟。意大利人钟爱壮观场面，而非纯戏剧性的特征处理，从而扼杀了这类天才。

受宗教影响的国家盛会，通常又包含了完全不属于宗教的特色。这是波吉亚偏好的特点，而罗德里戈，未来的亚历山大六世，则首次使用了意大利人制造的烟花爆竹。《凯旋》中混合了神圣与世俗，既有假面剧又有哑剧。其中没有过多的布景和结构，没有不相干的队列挤满整个舞台，没有所期望的戏剧复兴。乃至莎士比亚，所有这些装饰都被去除，在环球剧场中以相当简陋的方式演绎自埃斯库罗斯、萨福里克斯、欧里庇得斯以及阿里斯托芬时代起从未出现过的戏剧形式。

然而，莎士比亚的作品与文艺复兴时期的意大利具备很多关联性。如果将戏剧中所有有关意大利城市的场景和意大利特色去除，那就所剩无几了。某些作家甚至认为，正是1593年莎士比亚游历意大利时，个人累积的经验和观察所得，才精妙地重现了南部的气氛，而不仅仅是因为与秦提奥、薄伽丘、邦代罗间接相关。

如果我们尝试着寻找某种定

朴素的基督教艺术

十六世纪意大利艺术家多纳泰罗多才多艺，除雕刻外，还制作了许多赤陶小浮雕。《玛利亚和孩子》就是他的作品，是在赤陶上绘制并镀金而成，很好地展现了其朴素庄重的风格。

纯粹的异教徒爱恋

切托尼经典之作

济安·劳伦佐·贝尼尼（1598—1680）是一位杰出的建筑家、雕塑家以及肖像画家。其早期作品展现了希腊文化的美丽和优雅，特别是这个精妙的雕塑《阿波罗追逐达芙妮》，但贝尼尼的后期雕塑则呈现出一种精神颓废。

《休斯与美杜莎》为文艺复兴时期最杰出的塑像作品之一，是切托尼于1553年为科西莫·德·美第奇制作的。在切托尼的自传中讲述了有关这件青铜雕塑的浪漫故事。

律，能够有助于解释某一历史时期出现如此繁多的活动和无尽辉煌的原因所在，结论可能是，文艺复兴的主要特征就是所有表达方式都具备人文化。建筑、雕刻、绘画、文学以及科学全部都接近于人类的需要。但是建筑怎么人文化？看看中世纪的建筑，我们会发现其最为突出的特色就是防御性。事实上，它具备要塞的作用，本身的特色则或多或少复制了后方防守的其他建筑特色。一个时代的建筑往往反映了当时的社会环境，而中世纪毗邻防御工事的建筑设计，就标志着当时无休止的封建战争状态。

文艺复兴颠覆了一切。单就弗朗西斯一世改建的布卢瓦城堡，就一目了

彼特拉克和薄伽丘：意大利文学的双重辉煌

左为弗朗西斯克·彼特拉克（1304—1374），很大程度上驱动了欧洲文艺复兴的兴起。尽管他以拉丁诗集和散文作家为人称道，但其最先是以意大利抒情诗人而闻名，著有《抒情诗集》使劳拉为世人所铭记。1350年左右，彼特拉克与右图的乔万尼·薄伽丘（1313—1375，著有《十日谈》）结为好友。这两幅作品均为安德烈·德·卡斯塔格诺所绘制，曾收藏于圣·阿波罗尼亚的女修道院。

然，展现了整个经改革的建筑科学与艺术。如广开门窗，以便空气流通。封建城堡不再是紧闭肃穆，取而代之的是喜气洋洋的、壮丽的文艺复兴式的门脸。这位文艺复兴的建筑师，将自己从前辈们的理想中解放出来。他舍弃了长长的黑暗走廊以及隐秘的楼梯，去除了刺杀的温床。这就是建筑的人文主义。

同样的人文主义过程还体现在造型艺术上。乔托的绘画和尼古拉·皮萨诺的雕塑均抛弃了僵化的礼拜式表现手法，开始将文艺复兴时期基督教超自然的艺术特征自然化，他们是绘画与大理石雕刻的人文主义使者。人文主义起源于对古典人文科学的研究，继而催生出新的文学作品，借助印刷术的推进作用，传遍整个欧洲，激发了人类新思想的蔓延。科学也借助新的研究工具和新的原则将自然更贴近于人类生活。其次，随着人们开拓了在大西洋和太平洋的海上航线，重建了新的海洋观，地中海不再被认为是文明中心的海洋。这是另一种意义上的文艺复兴，因为它意味着希腊和其他国家古代航海家的冒险精神得以重生。

我们认为文艺复兴不仅指一个特定的历史时期，它更是一种思想状态，是人类在对过时的律法和准则的不断升腾，是在焦躁不安中，急切想要探索和航行于那些未知的领域。这是一场天文学从星相学中的自我解放，是化学剥离于炼金术，哲学脱离于神学理论体系的思想潮流。文艺复兴的真正意义在于，圣方济摆脱刻板宗教黏附的外衣，转而宣扬宗教内在精神；罗吉尔·培根尝试探索星光的奥秘，苦思彩虹的缘由；但丁用新的语言表达人类命运的恐怖与美好；又或者是彼特拉克与自然的交流。

文艺复兴的意义还在于，伽利略用他的望远镜发现了木星；詹森制作了第一台复式显微镜；古腾堡发明了第一台印刷机；凡·艾克探索出了油画颜料的使用；瓦斯科·达伽马或者哥伦布使用指南针发现了新大陆；佛朗西斯·培根提出以试验为基础的逻辑归纳法，取代了经院哲学的逻辑演绎；哈维发现了人类心脏的奥秘，革新了人们以往的观念；米开朗基罗让大理石能够诉述衷肠；乔叟用《坎特伯雷的朝圣者》讲述了一段妙趣横生的旅途；莎士比亚隐晦地审视着"思维的意图"或者描绘"朝气蓬勃"的生活。文艺复兴是上述所有内容的集合体，并且还意味着更多内容：它是一种对所有艺术与科学进行探究与追求的本能。

第十章
现代科学的产生

威廉.C.丹皮尔 【编】

威廉.C.丹皮尔：英国皇家学会院士，科学博士，剑桥大学三一学院成员，著有《科学史及其与哲学和宗教的关系》、《自然科学的最新发展》等书。

从达・芬奇到伽利略

十七世纪，随着伽利略的著作问世，现代科学开始不断取得进步，但是现代科学的萌芽却是在此之前就出现了。尤其是在全能之才——列奥纳多・达・芬奇的笔记手稿中就预言了使他因此闻名的发现。列奥纳多是一名哲学家，但他更是一名工程师和艺术家，所以他总是从实际出发，以现代的眼光看待力学、光学、解剖学及生理学方面的问题。

列奥纳多理解了永恒运动的不可能性和能量的守恒性，由此，他推论出杠杆原理，将杠杆作为派生出其他机械的基本机械。他传播了阿基米德关于液体压力的知识，开始研究液体运动和液体表面波浪的扩散，而后转到对空气中的波浪问题和声学现象的研究。在天文学领域，他设计出一种遵循一定法则、具有威力的机械，还提出了一种观点，远远超越了当时流行的亚里士多德观点，即认为天体是神圣的，与我们的世界是截然不同的，天体需要"不动的原动者"保持天体的运动。

此外，列奥纳多认为从水中沉积物可以看出，经过几个地质年代，地球的某些部分已经下沉了。他曾对人体进行解剖，使人体图更加详细、准确，甚至他绘制的心脏图都能表明各种瓣膜的作用；当研究血液循环、制造及重造人体组织时，他描述了血液作用；他还建立了眼睛光学部分的模型，展示了如何在视网膜上成像。他曾蔑视点金术、占星术及巫术，让它们无施展之地。对于他而言，自然是有序的、没有魔法的，受永恒不变的必然性法则支配，是可以通过观察和自然发现的数学推理来研究的。如果当时列奥纳多完成并出版他的著作，那么，科学走上正轨的时间可能就会提前一个世纪。

下一位在前科学时期出现的人物当然是波兰的数学家——尼古拉·哥白尼（1473—1543）。哥白尼不满于当时流行的观点，即地球是宇宙的中心，太阳和行星都围绕地球作圆圈或本轮运动。这一观点是由希帕克斯详尽地提出，由托勒密完善和记载

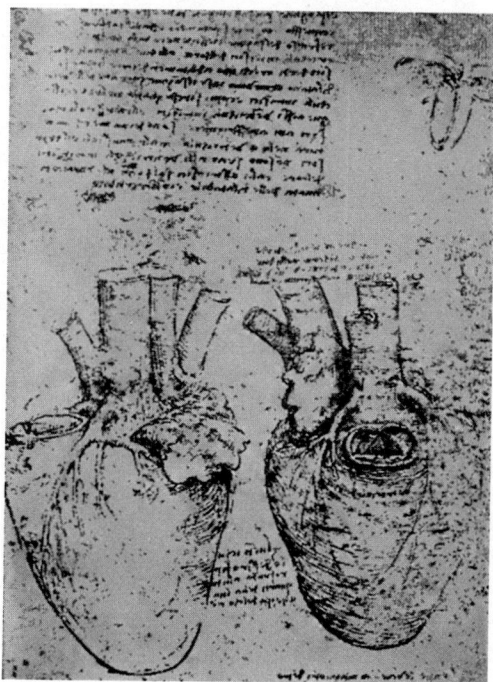

解剖学家——列奥纳多

列奥纳多·达·芬奇的笔记本包含细节精确的解剖图。上面心脏部位的副本说明他记载解剖观察结果（特别是瓣膜）时十分用心。

的，该观点深深地根植于学术演绎推理中。哥白尼认同毕达哥拉斯含糊的猜测，即宇宙的中心是太阳（很可能忽略了由阿利斯塔克提出的更加明确的构想），表明了这一猜想比托勒密体系更能简单地解释天空现象。

这样，在尘封了十八个世纪后，被哥白尼复兴的日心说，需要使用望远镜证明其解释天空现象的权威性。此外，如果人们相信古代人的话，认为运动必须靠源源不断的力量得以维系，那么，日心说则不能这样简单地说服人们。所以需要一种有活力的新科学。这两大壮举最终由一个人完成了。

伽利略·伽利雷（1564—1642）是佛罗伦萨一个贫穷贵族家庭的后裔，当他在比萨进行数学讲座时，就开始了那些划时代的研究，这些研究为现

代物理学和天文学奠定了基础。亚里士多德曾讲过物体是自然轻或自然重的——轻物体上升，重物体落下，下落速度越快，物体越重。

这个结论的推理就足以说明此时的科学尚需发展。德谟克利特在原子论哲学中曾提出，真空环境下，所有物体将以同样的速度下降，但他却没有提出支持这个论点的实验事实。亚里士多德认为这一论点是不可信的，真空也是不存在的。正因为如此，亚里士多德反对所有与原子学说有关的观点。

亚里士多德认为，如果正如德谟克利特所认为的那样，所有物质都是由终极粒子构成的，那么，所有物质与生俱来都是沉重的。那么，大量空气或火焰的重量将大于少量的泥土或水的重量，如果真是这样，泥土或水就不会穿过空气或火焰而落下。亚里士多德及当时的人们都没有想到现在所谓的密度或比重，第一个理解这两个概念的人则是阿基米德，他认为真正决定相对上升或下沉的是单位体积的重量。亚里士多德认为运动的产生是由于一种固有属性，这种属性使事物寻求自己固有的位置，较重的物体速度比较轻的物体快——这一观点融入了中世纪经院学派的正统哲学，当伽利略从比萨斜塔上投下物体，向抱有怀疑态度的旁观者展示所有物体都以同样速度下落的决定性实验时，人们还依然坚定地相信这个观点。

1592年，伽利略在帕多瓦担任教授，1609年，他听说荷兰人发明了能将远处物体放大的望远镜。伽利略根据自己对折射的理解，立即发明了一台相似仪器，然后不断改善，使其能够将物体放大三十倍。随后，各种发现陆续出现。月球的表面不再是哲学家认为的那样光滑、无瑕，而是带有斑纹，这说明存在崎岖的山脉和荒凉的山谷。之前看不见的无数星星现在看得见了，解开了银河之谜。人们看到木星的轨道上有四颗卫星，可测量这四颗卫星的旋转次数，这种旋转正如哥白尼认为的那样，是地球及其卫星一起绕太阳运动的一种复杂模式。

但是，对于当时的人们而言，如果这些发现是伽利略最显著的成就，那么，伽利略建立的动力学基本原理则让他久享盛名。继下落物体研究之后，伽利略确信物体在斜面上的速度与从相同垂直高度自由落下的速度相同。这样，他就能将下落物体的速度减小到可测量的值，在实验中演示物体的速度随时间按照一定比例增加，物体运动的距离与时间的平方相关。他还演示了从一个平面滚下的球将滚上另一个平面，不管该平面有多长，球所达到的高度与滚下时的高度相同。尽管第二个平面的斜坡减小了，但是，球在水平方向上滚动得越来越快，然后达到相同高度。

由此可得出，一旦物体运动起来，它将无限地向前作直线运动，直到因摩擦而停止或因外力而发生偏移。伽利略及在他之后的人们没有解释这个谜题。但是，这一事实被接受了，其对以后产生了重要影响。不需要"不动的原动者"或威力无边的漩涡推动行星，所有这些都表明，当行星绕太阳运转时，一种未知的力使它们一直偏离于直线轨道。人们建立了惯性原理，最终系统地阐述了物理世界的重大问题。人类越来越接近现代科学。1642年，伽利略去世，艾萨克·牛顿出生。

② 前牛顿时代

在我们探讨伽利略的著作对牛顿的成就所产生的影响之前，须了解一下其他思路。科尔切斯特市的威廉·吉尔伯特（1540—1603）曾运用伽利略所使用的实验方法。他是剑桥大学圣约翰学院的成员，建立了电学和磁学。在《论磁》中，吉尔伯特收集了所有与磁学有关的知识，并增加了新的研究结果。

他研究了磁体之间的吸引力并表示：当磁针自由悬浮时，磁针大致是南北方向，就跟罗盘的反应一样，而且，磁针还下倾，当时是在英国，因此磁针的北极下倾，整个偏离一个角度。吉尔伯特指出该发现结果对航海的重要性，他由磁针的设置实验推断出地球本身就是个大磁体，它的两极与地理上的两极靠近，但不完全一致。吉尔伯特还试验了当某些物体，如琥珀，证明受到摩擦时会产生力。他根据希腊文"elektron"创造了"电"这个词。为了测量这些力，他采用了在某一点获得平衡的轻金属针，增加了产生这种效应的物体的数量。

吉尔伯特继续研究探索磁力和电力形成的原因。怀着希腊哲学中物质是微妙的、非实质性的观点，他将物质想象成是从磁体或电化物中释放出来的，并通过与周围物体相拥抱，从而释放引力。他将这一观点延伸到重力领域，甚至用这一观点解释太阳和行星的运动，每一个行星里面或周围都有一种特有的支配能力，决定着行星的轨道和宇宙的秩序。

由于经历哲学在推动人类掌握自然知识和权力方面的失败，英国的大法官——弗朗西斯·培根（1561—1626）开始认真思考实验新方法的理论。他认为，通过记载所有可获得的事实，进行所有可能的观察，做所有可行的实验，然后通过遵循他制定的不太完善的规则收集和用列表显示所有结果，各种现象之间的联系就会变得清晰，描述原理的一般规律将呈现在眼前。

电工先驱

伊丽莎白女王的内科医师——威廉·吉尔伯特通过他的实验为磁学和电学做出了重大的贡献。他的主要著作——《论磁》论述了地球是个大磁体这一理论。

这段评论较易阐述，纯粹的培根归纳法在科学方面很难获得发展，现象和可能的实验的数量是如此巨大。在培根进行研究早期，必须发挥洞察力和想象力作用，必须形成试探性的假说，利用数学或其他逻辑推理推论出实际结果，或通过观察或试验将假说与实际进行比较。如果出现分歧，形成新的推想，如此反复，直到不能再继续下去。所以，关键就是公正、连续，实质就是不断扩展。物质世界一定是一个紧密联系的、不断继续的、没有真空的充满物质的世界。在这样的世界里，运动只能在闭合的环境下进行，不存在物体能进入的真空。由此，笛卡尔断定，行星在漩涡中心运动，这些漩涡自

笛卡尔哲学的创始人

勒奈·笛卡尔（1596—1650），数学家和哲学家，1629年定居于荷兰，并在那里生活了二十年。1649年离开荷兰前往瑞典之前不久，弗兰斯·哈尔斯为他画了这幅肖像。第二年，笛卡尔死于瑞典。

身处于环绕太阳的大漩涡中。就像漂浮在水中漩涡里的稻草，不断地被卷入运动的中心，所以行星被吸引到太阳那里，下落的物体被吸引到地球上。

法国人布莱斯·帕斯卡尔（1623—1662），作为一名广为人知的神学家，建立了数学概率论，这一理论源于机遇游戏，但是在现代科学和哲学中意义重大。他还是一位实验主义者。他将气压计带到多姆山省，当他登高时，水银柱却下降了，大气压变小了。气压计的发明和这次的验证为阿基米德时代以来的静水力学科学做出了重大贡献。

现在我们要转入到牛顿出生之前的力学和天文学历史。那时希腊人已经观察、测量及记载了行星的运动。受哥白尼观点的影响，哥本哈根的第谷·布拉赫将这些观察和测量结果发展到更高水平。他一生积累的研究结果落到了他的接班人约翰·开普勒（1571—1630）手里，开普勒将布拉赫的发现结果付诸实验，最终发现，这些结果可以用三句话进行说明：（1）行星按照一定的轨迹运转，这些轨迹是椭圆形的，太阳是中心；（2）轨道向径所扫过的面积与时间成正比；（3）周期的平方与半长轴（或平均距离）的立方成正比。

3 艾萨克·牛顿

我们现在已经大体描述了艾萨克·牛顿（1642—1727）开始他的研究之前的物理知识现状。据说，1666年，由于瘟疫，牛顿被迫离开剑桥，回到自己的家乡——林肯郡伍耳索普，当他傻傻地看着落下的苹果时，这一现象迫使他思考苹果落下的原因，想知道地球引力有多大，因为苹果会继续存在——它会不会达到月球上，这能不能说明卫星会从垂直方向一直落到地球上。

距离以平方增加时力会减少，这一想法已经在牛顿的脑海里浮现，并且也许在他人的脑海里也浮现了，但是，在地球引力原理这条道路上困难重重，牛顿却一直十分感激这些困难。与地球和月球之间的距离相比，地球和月球是如此渺小，以至于在任何时候，每个天体都被看作是一个地方的中心。但是，对于苹果而言，地球是巨大的、距离近的，首次计算地球所有部分的联合引力是十分困难的。也许正是为此原因，牛顿放弃了计算。但是，直到1684年，关于引力的一般问题一直悬而未决。几位皇家学会的院士特别讨论了当一个行星按照开普勒第三定律说明的那样在重力下运动时，是否会画出一个与开普勒第一定律相符的椭圆形。当哈雷对从他人那里得到解答感到绝望时，他拜访了剑桥大学三一学院的牛顿，并发现尽管已经遗失了笔记，但是其实在五年前牛顿就解决了这个问题。

牛顿为哈雷写了一份新解答并寄出，这件事对在伦敦的牛顿影响很大。受启发后，牛顿重新开始研究这一课题。1685年，克服数学整合问题后，他证明了在重心引力范围内，处于重心的物质会吸引重心以外的物体，就好像所有质量都集中于其中心一样。

这一伟大定理的成功论证，使得牛顿能够在计算中将太阳和行星作为质点以简化计算过程，为他的初始研究做好了准备。通过成功实证，牛顿试图将天体的力与地球吸引物体坠落的力进行联系。1679年，他采用了一种新的法式地球测量法，再次回到苹果与月球的老问题上。这次，地球被看作有重心的，而且这个重心就在地球的中心，牛顿的推测证实起来也变得简单了。

地球与月球的距离是地球半径的60倍，月球朝地球运动的路径是偏移的，偏移的大小为每秒0.0044英尺。如果平方反比定律是正确的，那这个力量在地球表面应该比在月球强60^2倍，即3600倍，所以在物体坠落的速度为3600×0.0044，或每秒约16英尺。这与观察的重力加速度相一致。于是，牛顿就证明了平常向地面坠落的苹果或石头与月球在其轨道扫过的阴影，同为一个未知的原因所支配。

他对开普勒定律给予合理的解释，并且将这个结果推广到行星运动上去。于是整个太阳系的运动，就可以从一个假设中推出来。这个假设就是：太阳系的每一质点对于另一质点的引力，与两点的质量的乘积成正比并与其间的距离的平方成反比。对于圣人——亚里士多德而言，天体是不腐蚀的，与我们不完美的世界有所不同。这样，人类按照伽利略和牛顿通过地面试验和推理建立的动力学原理，不断地探究天体，证明天体在一个巨大的机制中运行。1687年，《牛顿定律》（自然哲学的数学原理）出版了，这在科学的历史上就有划时代的意义。

牛顿演绎推理的准确性是十分惊人的。大约200年的时间里，他的演绎推理足以解释所有万有引力的天文现象并预见后世观察到的现象。直到人们发现放射性微粒的质量在极快的速度下会增加时，牛顿的演绎推理才遇到了麻烦。

不能解释"超距作用"无论如何都让人不满意，人们做了许多努力来构想其机制，其中有超凡粒子飞行的冲击力以及宇宙太空中传播的应力。但是，当爱因斯坦在时空连续统一体的概念中将物质和重力归于几何学问题时，这些假设都是没用的。于是，万有引力定律就被更广泛、更准确的普遍原理所代替——牛顿自己也曾希望出现这种代替。两个世纪的时间里，牛顿的公式足以保持其权威，直至如今都是非常准确的近似值，以至于必须对人类文明史上的所有试验性资源进行彻底的研究，以便从中发现与自然的分歧。

本文只提及牛顿研究结果中最为重要的部分。牛顿为伽利略曾开始研究的动力学奠定了基础。他对惯性和重力、质量和重量做出了基本区分，在实验方面证明了它们之间是成正比的。他还清晰地阐明了作用和反作用之间的等效性，推断出一个系统的总动量是不能被内力改变的。在《定律》中，他对粒子动力学进行了论述。

牛顿最大的特点在于他将数学原理运用到自然问题中的强大能力，通过运用这种能力，他大大改善了数学工具。早在1666年，他似乎就发明了微积分，当时的名字叫微分学，尽管微积分属于几何领域，他还是利用这个进行他的探索。由于牛顿的文章出版有所延迟，也许是独立的，也许是看到牛顿的手稿后受到启发，莱布尼茨也有了类似的发现。由于莱布尼茨采用了更方便的符号，所以，现在人们采用的是他的微积分。

当然，牛顿仅在光学方面的研究就足以使他在科学家中名列前茅。1666

年，他买了一个三角玻璃棱镜，尝试研究著名的颜色现象，最后证明，白光是由若干颜色构成的，它可以被一个棱镜分离，然后被另一块棱镜进行调配。他解释了薄板的颜色，在解释中提出了一种光理论，这与近代观点非常相似，这个理论之于牛顿，就像"光的结构实质上是以原子形式存在的"之于普朗克和J.J.汤姆生。

④ 对于人体的研究

自然科学一方面源于实际生活中的理学，一方面源于天文学，生物学部分源于医学的实际需求，部分源于人类对自身或周围现象的怀疑。文艺复兴时期，人们认为希腊之风的复兴将像在文学和哲学领域那样，在医学领域令人觉醒。一些医学人文主义者于是从中世纪医学转入人类思想，这些人主要是从评论希腊作家的阿拉伯人中产生的，其中希波克拉底和伽林著作被认为是科学的源泉。

帕拉塞尔苏斯（1409—1541）是首批从这个经典、正统流派脱离的人之一，他是一名旅行者、化学家及医生——或者说像他的对手所认为的那样，他是个江湖医生。他的著作与其他化学家的著作相似，文章冗长，同时伴有计算，然而帕拉塞尔苏斯总结出的结论的方法是为了加强重复，更易于平民学习。

但是帕拉塞尔苏斯，是一个典型的自力更生型的医生，他对伽林的权威感到厌恶，而运用自己观察的结果和经验解决医学问题。他利用化学药物将帕拉塞尔苏斯的追随者与正统的伽林流派相区别开来，化学产生出一种新力量，人们研究它的目的就是发现治疗疾病的新物质，希望金属会转化。医学和化学的发展很大程度上都归功于点金术和它们之间的相互作用。

　　列奥纳多·达·芬奇的笔记本显示了对人类解剖学的惊人认知，但是首次将这些认知公诸于世的却是安德雷亚斯·维萨里。他是佛兰芒人，曾在法国接受训练，在帕多瓦、博洛尼亚及比萨都担任过教授。1543年，维萨里出了一本关于天文学的书籍，这本书的思想并不是建立在伽林思想之上，而是根据他自己在解剖中的发现和在教室中进行的演示而写成的。

　　从此，在16世纪结束之前，生物科学第一学科——解剖学从古代权威的枷锁中解放出来。生理学相对较慢地从枷锁中解放。梅歇欧·塞尔维特是一位阿拉贡医生和神学家，他发现了血液循环。但是，当威廉·哈维（1578—1657）进行活体解剖时，血液的实际机制和心脏在维系血液流动方面的功能才被弄清楚。

生理学家——哈维

1628年，威廉·哈维（1578—1657）出版了《心脏和血液运动的解剖学研究》，这本书对生理学的贡献恐怕是最重要的。这位伟大的生理学家的肖像由科尼利厄斯·詹森所画。

　　哈维先后担任詹姆斯一世和查理一世的医生，查理一世为他提供所有设备，对他的研究十分感兴趣。他的一本关于心脏的书出版于1628年，另一本书《论动物的生殖》出版于1651年，这本书里包含了自亚里士多德时期以来所记载的胚胎学领域最显著的进步。1661年，马尔皮基完成哈维关于血液循环的著作，显微镜的应用使连接动脉和静脉的毛细血管的结构能够看得见。

　　植物作药治疗疾病增加了人

们对栽培植物的认知。开始人们在寺院和修道院的花园里栽培，然后是在药剂师维护的花园里栽培。十六世纪末，出现了《草本植物志》，书中描述了各种植物及其医学和调制特性，公共和私人图书馆都能发现这些书籍。

显微镜首先用于植物解剖研究，然后用于更正关于不同植物器官功能的观点。不久，果实被认为是从雌性要素开始发育的。直到十七世纪末，卡美隆（1665—1721）提出了明确实验证明花粉囊是雄性器官，如果没有花粉囊，就不可能进行受精或形成种子。关于植物的性器官，瑞典植物学家——林奈（1707—1778），首次对植物进行系统分类，但是后来，这种分类被依据植物在进化方面的自然关系而进行的现代划分植物方法所取代。

旅行者获得的信息和皇家动物园不断引进品种相应地促进了与动物有关的知识的发展。现代动物科学发展的第一阶段以布丰（1707—1788）出版的百科读物《动物自然史》为结束。这次，显微镜首先应用于对本质结构的观察，然后应用于对动物器官功能的观察，证明了存在大量以往未知的生命短暂的动物和植物活体。

在古代和中世纪时代，人

布丰伯爵

布丰伯爵——乔治斯·路易斯·雷克勒于1749年开始出版他的《自然史》，在他死之前，共有36卷问世。这几卷包含了对以后在细菌学和进化论方面的发现做出的预测。

们相信，活物体自然地来自于死物体。例如，人们认为青蛙可能是阳光照射泥土而产生的。弗朗切斯科·雷迪（1626—1697）首次对此产生深深质疑，他证明了如果保证死去动物的肉体远离昆虫，那么，尸体里面就没有蛆虫。修道士斯巴兰扎尼（1729—1799）肯定并延伸了雷迪的研究，他证明了生命体不能在煎熬的环境（经煮沸，然后与空气隔离）中生长哪怕是一分钟的时间。由此，我们看到了巴斯德的预测和现代细菌学的发现。

5 物质的本质

如果点金术成就了通向医学的康庄大路，那么它也开启了现代实验化学之门。物质问题就像天文学问题那样，得到希腊哲学家的极大关注，随着文艺复兴时期希腊之风的复兴，这些哲学家关于问题的构想和方法广为现代世界所知。

当物质被分割或细分时，它的属性是不变的吗？无论进行如何分割，土地还是土地，水还是水吗？还是它们会形成相似的不同比例的物质——构成所有物质的元素？

正如卢克莱修所传播的那样，古代人对这些问题所给出的解答主要有两种：一种是恩培多克勒的四元素学说，这四种元素分别为固态的土、液态的水、气态的气及更微细的物质——火，另一种是德谟克利特的原子学说。

恩培多克勒通过将四种元素进行结合说明了它们在性质方面的不同。德谟克利特进一步研究，将性质的不同归结于太空中具有相同终极性质的粒子的大小、形状、位置及运动的不同。德谟克利特的原子学说与现代观点十分相似，但在实验实证上却缺乏可靠的依据，没有经得住亚里士多德的强烈批判。由于原子学说不符合亚里士多德的预期想法和推理，例如真空的不可能性，所以他反对这一学说。同时，恩培多克勒的四元素学说以及该学说派生的其他理论一直支配着人们的思想，直到后来出现了九十多种与之相对的现代化学物质，而这些物质现已成为质子和电子的共同基础。

直到获得实验知识，所有这些让人感兴趣的哲学猜测才算有点用处。这样，当亚历山大、阿拉伯及中世纪的炼金术士在寻找生命之源或将基本金属变成金子的炼金术无果时，化学便产生了。炼金术士随时随地观察着他的坩埚，眼里闪烁着智慧，将他们观察的结果公之于世。

由此，整个十六、十七世纪，新化学物质逐渐为人所知，在寻找医学救治方法和工业原料的过程中，不断地被人们发现。但是，在一些时期，化学理论却没有任何相应进展。

恩培多克勒的四种元素到了炼金术士手里变成了三种，即硫黄、水银及盐。尽管在十七世纪中期，皮埃尔·伽桑狄和罗伯特·波义耳从物理学角度而不是化学角度上复兴了原子学说，但是，三元素这种观点还是得到了普遍认可。

化学开拓者

正如雷伯恩描述的那样，约瑟夫·布莱克（1728—1799）（右图）是二氧化碳的发现者，并且他发展了潜热理论。约瑟夫·普利斯特里（1733—1804）（左图）将氧气分离出来，被称为气动化学之父。该肖像由Sharpies夫人所作，被保存在伦敦的国家肖像馆里。

波义耳、牛顿和该流派其他成员运用原子学说将热性质解释成终极粒子的震动。尽管由于缺乏充足的实验依据，他们的解释在近两个世纪之后才广为接受，但是这次，他们离现代观点又近了一步。

早期化学家面临的

主要问题就是理解火焰和燃烧现象。当物体被燃烧时，火焰像在逃避什么一样。这种东西被G. E.史塔尔（1660—1734）称为"燃素"。G. E.史塔尔是普鲁士国王的医生，他的理论主导着整个18世纪的化学观点。波义耳已经证明了，当金属被燃烧后，重量会增加，所以，燃素的重量为负值，亚里士多德关于物体本质是光的概念在即将过时之际又再一次获得新生。

在这个假设方面，化学科学开始表现事实。由于这一假设的影响，指出更加现代观点的分离实验不能表达化学家的思想。当随着时间的推移，燃素理论不再强势时，需要重新发现这些实验，为更简单、更自然地解释现象做好准备。1669年，在最终发现氧气之前的一个世纪，在巴斯和伦敦从事医生职业的约翰·梅奥证明了氧气存在于空气中及其对呼吸和燃烧的重要性。1678年，从加热的硝酸钠中提取出氧气。1729年，黑尔斯从水中真正地收集到氧气。氧气的分离可以追溯到帕拉塞尔苏斯，他描述了铁屑在醋中的活动。然而，所有这些观察结果都被遗忘了，方法也失传了，人们依然认为空气是唯一的气态元素。

在爱丁堡的约瑟夫·布莱克的著作中，开始出现了变化，他在大约1755年发现，一种新的可称量气体，与大气中的空气不同，可以溶于碱。他称这种气体为"固定气体"，我们现在称之为二氧化碳。不管怎样，燃素依然存在。约瑟夫·普利斯特里通过加热氧化汞提取氧气，发现了氧气独一无二的支持燃烧的能力。他还证明了氧气对于动物的呼吸而言是必不可少的。但是，他将之描述为失去燃素的空气，没有意识到他的发现已经掀开了科学历史的新篇章。同样，亨利·卡文迪什（1731—1810）在1781年证明了水的复合性质，从而颠覆了水作为元素之一的地位。但是他还是将构成水的气体描述为燃素及失去燃素的空气。

现代化学的创立者

拉瓦锡（1743—1794）证明了化学反应中物质的守恒性，重新发现了空气和水的成分，介绍了化学理论现有系统。这张他们夫妻二人的画像由大卫所画。

这个问题留给了拉瓦锡，他曾被送上断头台，因为他扬言共和国不需要学者，他重复了普利斯特里和卡文迪什的实验，并领悟到没有必要发明一个性质基本不同于其他物质性质的物体。通过无法争辩的守恒证据，他证明了在一些化学变化中，物质可以改变其状态，但是在量上是不变的，最后物质的数量与操作之前的数量相同，可根据其重量进行追踪。

水被认为是由具有一般物质属性的气体构成，这些气体是有质量和重量的，拉瓦锡称之为氢和氧。燃烧和呼吸在某种程度上是相似的：一个是快速的氧化过程，一个是慢速的氧化过程，每一个过程都导致了重量的增加，这个增加量相当于结合的氧气的重量。燃素重量为负值的观点变得没有必要，逐渐从科学中淡出。这样，伽利略和牛顿在力学方面建立的原则也被运用到了化学中。

与此同时，在拉格朗日和拉普拉斯现代方法的帮助下，牛顿天文学变得更加准确，通过法国数学家和哲学家的翻译，牛顿关于太阳系机制的阐明被用于支持一种他自己不会同意的思想计划中。谦逊的牛顿就像是海滩上发现漂亮的鹅卵石的孩子一般，但是真理的大海将所有未知事物都摆在他面前。

牛顿认为，自然现象表明了"存在一个有灵魂的、活着的，充满智慧的生命，它存在于无限的宇宙中"，掌管并控制着宇宙。但是，他后期的门徒认为他所开创的体系可以解释在医学概念方面出现的天上、地下、过去、现在的所有事物。物质和力看起来似乎是熟悉的，但是，人们的思想所理解的事物才是所谓的熟悉。

十八世纪后半期及十九世纪早期充盈着对机械哲学的回应，一些人认为机械哲学是分析自然科学胜利的必然结果。机械哲学开始于牛顿天文学，在道尔顿、焦耳及达尔文的作品中朝不同方向发展。

许多机械哲学的崇拜者没有看到当代科学在其有限范围内是多么强大，当然，它的范围受到了限制。需要我们以当代认知意识到自然是多么复杂，这种认知开始于十九世纪最后十年，从而证明，以现代科学诞生为开始的时代将在高峰时期变得洋洋自得，这个时代注定要见证更多的新发现，更加漂亮的鹅卵石等着我们这一代的"牛顿"去发现。

第十一章
工业革命

J. L.和芭芭拉·哈蒙德【编】

J. L.和芭芭拉·哈蒙德：《乡村劳动者》、《城镇劳动者》、《技术劳动者》、《基督徒的时代》等书的联合作者之一。

1 摆脱木炭的束缚

我们所说的工业社会是指在社会和经济活动中有重大改变的社会，人们可以在全世界范围内自由交换产品。十八世纪工业革命刚开始时，仅仅与机械业的发明创造有关。英格兰率先扩张和重组国家工业以充分利用这些发明。十九世纪时，德国、法国和美国以及欧洲的其他一些国家都或多或少地开始效仿英格兰的做法，日本则完全仿照欧洲的模式建立自己的工厂，中国也在走相同的工业模仿之路。

在重大的发明之前，我们就发现大规模的生产。在工业、农业和商业领域中，资本家组织以及一种活跃的商业模式已经存在。通过这种商业模式，来自不同国家的商品，在中国、英格兰、印度、荷兰、法国和巴西广泛分销，能够从一国的生产者到达另一国的消费者手中。因此，一系列的发明创造使产品成本更低廉，交通更便捷，工业革命进程大大加速，我们对此根本不好奇。

本章我们追溯英格兰的工业革命早期历史。那时政治条件对个体企业家非常有利，国内的贸易不受关卡的阻碍，矿产资源丰富，气候非常适宜棉花纺织业的发展，而且英格兰与印度、美国的贸易往来，大大帮助了英国的工业品开辟市场。英国人的头脑和劳动创造了这些主要的发明，因为这些发明以及一些其他的原因，在十九世纪上半叶，英格兰一直远远地跑在邻国的前列。

整个纺织业的发展依赖冶铁业，在十八世纪初，英国的冶铁工业一直处于弱势的地位，且在不断地衰退。英国铁矿石资源丰富，但木头缺乏。没有木头或者没有用木头支撑的木炭，就无法将熔炉里铁矿石冶炼成生铁和铸铁，也就无法在冶炼工厂制成条形铁，熔炉和冶炼工厂已经将苏塞克斯的林场消耗殆尽，而且还在开始吞噬周边不太丰富的林场资源。

用煤代替木炭显然是改变这种状态的补救措施，但是在煤溪谷的冶铁大师亚伯拉罕·达比之前，没有人知道怎么消除煤燃烧时硫黄质的烟，这种烟会破坏生产过程中的铁。亚伯拉罕·达比在1709年就发现了在熔炉里去除这种硫黄质烟的方法。他用焦煤生产铸铁，亚伯拉罕·达比的儿子，在1750年进一步发明了怎么用焦煤生产生铁，达比家族本着公众精神，并没有申请专利。

虽然这两项发明没有被人立刻采用，但它说明了木炭再也不是熔铁炉的必需

早期的铁炉

亚伯拉罕·达比及他的儿子精心地研究用焦煤造铁，这拯救了英国的钢铁产业。1709年，达比在煤溪谷建立了钢铁厂，图中是两个高炉。

品。这两项发明对条形铁的制造依然必不可少，而亨利·考特却将各种持续的改进都纳入了考特的1783年和1784年的专利里。

在他的机器里，熔炉里的铁在液体状态被混凝或搅拌，拌匀后在巨大的压机中压制、挤出残渣。新机器制出15吨铁的时间，相当于原来旧机器制出1吨铁的时间，而且铁的品质更好、价位更低。在冶铁过程中，煤也取代木炭了地位。

达比家族和亨利·考特的发现，解除了冶铁业对木炭的依赖。瓦特蒸汽机的应用，解除了冶铁业对水的依赖。而煤炭则成为冶铁业必不可少的联盟者，废渣堆砌如山的煤矿、高炉、冶炼炉改变了中部地区、南威尔士和苏格兰整个地区的面貌。截至该世纪末，本来星星点点的冶铁工厂，已经如雨后春笋般在全国大部分地区纷纷建立起来。

② 让货物流动起来

十九世纪，交通发生了革命性的变化，因为引入了铁路和蒸汽机。前一次变革发生在十八世纪期间，是收费关卡公路和运河的建设。虽然第一次变革或许更加令人称道，但与第二次革命相比，第一次革命显得微不足道。

英国政治管理体制先进，有为数众多的重要海港，海外贸易繁荣发展，境内没有过高的山脉，且在过去，罗马公路系统发达。对于这样一个国家而言，在十八世纪初，其国内交通十分落后，泥泞的土路只有不下雨的天气可以通过，下雨的天气就变成了沼泽，这是英国最为常见的高速路类型。

这些被反复踩踏的泥泞的土路严重阻碍了英国工业的发展，但是国家却未采取任何措施来改善这一状况。理论上，每个教区有义务来维护自己教区的道路；而实际上，几乎没有人会去修缮道路。最终，由一小部分当地巨头自发组织的企业改善了路况，后来

主干公路建造者

大约在1783年，约翰·马克亚当（1756—1836）开始进行私人修建公路，1815年，布里斯托尔引入了他发明的体系，该体系以"碎石铺道法"之名广为人知。1827年，马克亚当被任命为城市道路总监。

铺路工忙于建造新路

1845年，W.H.潘恩根据现实生活创造了这幅画。在这离现代较近的时间，虽然马克亚当的方法取得了进步，但是，在英国，造路科学还是处于不成熟的阶段。图中用来铺设碎石轨道的大多数方形石块来自于英国北部。

形成了所谓的收费关卡托拉斯。他们每人管辖一定的路段长度，而后获取议会颁发法令的授权，允许他们收取过路费，以弥补他们花在造路和修路上的费用。

首个收费关卡托拉斯于1706年设立，随后托拉斯急剧增长。截至1835年，托拉斯的数目已经增长到一千多个，管理着约23000英里的路程，约为英国高速公路总长的五分之一。

除了路况上的改进，交通运输车辆也不足以满足日益增长的煤炭需求。布里奇沃特公爵是一家煤炭企业业主，1760年，他在其煤矿所在地沃斯利和曼彻斯特之间修建了一条运河。这条运河的工程师和建造者詹姆斯·宾得里，是个自学成才的天才，他本身是个装配工，不会读书认字。这条运河是工程界令人瞩目的奇迹，于1761年开通，似乎能够解决内陆重物运输的交通问题。在此之后，公爵开通了另一条连接曼彻斯特和利物浦的运河。随后，一家又一家的运河公司纷纷成立，不断建造和开通新的运河。

公路方面也在不断地进行改善。石匠泰尔福特和盲人小提琴手詹姆斯·梅特卡夫作为工程师显示出强大的能力，泰尔福特在北方建立了一些主要公路。苏格兰人马克亚当在十九世纪早期发现了如何不加任何材料而使碎石道路的表面光滑且耐用。由此，随着时间的推移出现了铁路，这样一来，货物可以利用运河通过货船进行运输或利用公路通过货车进行运输，而旅客们则可以乘坐火车跑遍全国，至少可以到达伦敦，当时火车的速度为每小时10英里。推销员就像小商贩，为了签单，他们带着图案和样品跑遍了各个城镇。

③ 棉纺业的发展

英国棉花产业的发展形象生动地说明了工业革命的主要特点。一系列不凡的发明满足了人们对棉花的需求；工厂作业很快超越了家庭作业；蒸汽动力加速了生产的步伐；首先是小型且无关紧要的产业适时地成为英国最重要的贸易。

棉花论和羊毛论之间的冲突实际是十八世纪两大利益集团之间的生死搏斗。羊毛来自英国的羊身上，并在本国内进行纺织，而英国的羊毛制品遍布世界各国。但是，随着东方世界的扩大开放，印度生产的优良棉制品走进了英国，吸引了时尚界。一部分棉制品还是在英国生产，但质量不好，里面掺杂了亚麻。为了使羊毛产业不受印度生产之风的影响，1700年，英国议会禁止进口印花和染色印花制品。

这意味着舒适、薄薄的印度制品在进口时为平纹制品，然后在英国进行印染，女士们依然可以穿到花色艳丽的印花棉布制品。但就连这个，在1721年法案中也被禁止了，该法案禁止穿着或使用任何全棉印花制品。

由于对舒适棉制品的要求已经产生了，为了满足要求，人们不断地生产并改善本国纤维织物，但是，直到与纺纱相关的各种发明突然达到登峰造极的地步，才有了实质性成就。为这一系列发明做好准备的是与编织相关的发明，人们称之为"飞梭"，这是由出生于兰开夏郡贝里的约翰·凯伊发明的。

他的这项发明打破了纺织机和织布工之间的平衡，因为纺织机不能使织布工快速工作。三十年后产生了三项伟大纺织发明，即珍妮机、水力纺纱机及骡机。它们的发明者分别是哈格里夫斯、阿克莱特及克朗普顿。这不仅重新调整了纺织机和织布工之间的平衡，还使纱线产能远远超过织布工能力所及的范围。

大约在1767年，詹姆斯·哈格里夫斯发明了珍妮机并以他的妻子的名字命名。这是一个简单的装置，上面装了一个靠纺纱机右边手柄转动的轮子，这个轮子同时带动几个纱锭。哈格里夫斯发明的第一台机器中有八个纺锤。纱锭上的纤维或粗纱架子被固定在一个带扣的滑动板上，而不是被握在手里。纺织机的左边手柄用于处理那个扣，带动滑动板，前后来回地拽出，同时纺织几根线，而不是一根线。

哈格里夫斯是当时布莱克本的一名织布工，他首先用他的新发明提高自己的编织产量。他在邻里之间不像凯伊那样受欢迎，他的邻居们闯入他家，毁坏了他的珍妮机。1768年，为了远离那些邻居，他来到了诺丁汉。1770年，他获得了专利，但是在离开兰开夏郡之前，为了给孩子们买衣服，他已经卖掉了一些珍妮机。

阿克莱特在克罗姆福德的工厂

1768年，阿克莱特的第一家纺织厂成立于诺丁汉，靠马来进行工作。三年后，在和杰迪戴亚·斯特拉特的合作后，他在距离马特洛克巴斯大约一英里的克罗姆福德成立了这个大工厂，这里的机器是靠水轮运行的。

由于当时他还没有专利权,他从他的发明中获益甚少。随着珍妮机的改进,带动的纱锭数量已经增加到80个至100个,甚至是120个。

理查德·阿克莱特的水力纺纱机在1769年获得专利,采用的方法也不同。它通过将粗纱穿过四对滚轴(其中一对比其他三对转得快)将纱线抽出或变薄。通过一个轮子带动纱锭和滚轴运动,这个轮子原来是靠马拉动的,后来靠水力推动,所以称之为水力纺纱机。

阿克莱特跟普通的发明者不同,他是一个非常有能力的成功商人。尽管在复杂的专利诉讼中败诉了,但他从他的各种企业中获得了巨大财富。

关于他的水力纺纱机,有两个重点:它能生产出可以作为经纱的纱线,它使棉花走进了工厂。水力纺纱机是个复杂的机器,需要水力,不适合家庭作业,但是珍妮机在小屋中就能工作。许多地方都有雇佣童工的丝绸织造厂,一些丝绸织造厂后来进行了改造,从事纺棉。现在可以生产舒适的棉质经纱了,可以使曾遭禁止的全棉制品又重新回到英国,并且可以印染棉制品了。1775年,阿克莱特不顾羊毛利益和一些棉花制造商的反对,使禁令得到废除。

第三项纺织机的发明是克朗普顿在1779年发明的骡机,这项发明或许是这三项发明当中最重要的一项发明。与其他机器相比,克朗普顿的骡机能生产出更精细、更有力的纱线,这种纱线可以与出自印度人巧手的制品相匹敌,使英国的棉布行业成为可能。

下一个具有划时代意义的发明是将蒸汽作为运行水力纺纱机和骡机的动力。1769年,瓦特申请了蒸汽机专利。1785年,诺丁汉郡潘颇威克镇的一家工厂首次采用了这种新动力,随后在曼彻斯特地区的工厂也采用了这种动力。逐渐地,工业不再依赖溪流,而是在劳动力易得的城镇中繁荣起来。

克朗普顿的骡机

1779年，塞缪尔·克朗普顿（1753—1827）完成了这项改变纺织业面貌的发明。这台机器在阿克莱特的水力纺纱机的滚轴系统中增加了一块纱锭滑动板，从而防止了纱线断裂，生产出更加精细的纱线。

尽管有了纺织动力，但直到19世纪30年代，纺织成为工厂产业之后的很长时间里，手工织布工依然继续与蒸汽动力机进行着注定失败的斗争。

随着时间的推移，变革了英国棉花产业的发明被运用到其他纺织业。但对于羊毛产业而言，这个过程相对缓慢，直到十九世纪晚期，手工纺织才结束。

英国的发明加剧了棉花织造厂对原材料的需求，而此时美国的发明却增加了这种原材料的供应。在1793年伊莱·惠特尼发明轧花机之前，美国短丝棉花并不用于出口，因为将纤维从棉花籽中分离出来既麻烦又费钱。惠特尼的轧花机将棉丝绑在旋转锯齿上后就可以轻而易举地脱去棉花籽。美国在此之前只出口少量的海岛棉花，但是，现在却能出口本国的短丝棉花，大量的美国作物很快成为世界主要货源。

④ 伟大的蒸汽机

在工业革命时期的所有里程碑中，詹姆斯·瓦特将蒸汽动力应用于工业是最重要的里程碑，其影响也是最深远的。

然而，蒸汽机却不是瓦特发明的。1769年，瓦特获得专利的那一年，仅在北部煤矿就有上百个纽科门发明的蒸汽机，而很久之前纽科门就已经发明了一个可以使用的发动机。实际上，第一个用在工业上的发动机是由德文郡的军事工程师——托马斯·塞维利于1698年制造的。纽科门是达特茅斯的一名铁匠，他对塞维利的模型进行了改良并制造出一个可用的发动机，与塞维利的发动机一样是用来抽水的。在纽科门发明的发动机上，活塞因横木末端锤子的拉动而上升，因被注入真空而落下。首先向汽缸内注入蒸汽将之加热，然后注入冷水使其冷却，以便凝结蒸汽，从而就产生了真空。这样，活塞每次升降，汽缸就必须在冷却后再次被加热，无疑这种做法并不省钱。

瓦特灵光一闪，想到了独立冷凝器。为什么不将蒸汽装到一个独立的容器中，然后在那里进行冷凝呢？冷凝出来的气体能产生真空并且能加热汽缸。

对于瓦特而言，在与蒸汽机有关的所有发明当中，冷凝器是居第一位的，同时，它也是治疗痛苦的历史的开始。

瓦特在与马修·博尔顿的合作中最终解决了他的所有难题。马修·博尔

工程师——詹姆斯·瓦特

1769年，詹姆斯·瓦特（1736—1819）获得他的第一个蒸汽机专利，从此，预示着工业新时期到来了，最终预示着全世界人口的生活习惯将发生变化。1793年，C.F.冯·布雷达创作了这幅肖像。

顿是一位有雄心、有文化的硬件设备制造商，在伯明翰附近的索霍区开了一家很大的公司。

博尔顿拉瓦特入伙，并把他介绍给约翰·威尔金森，威尔金森是当时有名的英国铁厂厂长，他的铁厂生产发动机的大部件，扬言他们生产的汽缸的准确度是有史以来最高的。1776年，按照瓦特的理论建造的发动机首次能真正运转。跟纽科门的发动机一样，这些发动机靠一根绳子上上下下，只能用于泵或吹风箱上。

对于靠轮子转动的机械，他们所采用的唯一方法就是利用发动机把水抽入集水区，这样确保了定期供应，但是太复杂了，不能普遍应用。康沃尔郡的锡矿和铜矿矿场需要这些发动机，矿场内，巷道深邃，燃料缺乏且昂贵，纽科门发动机运行成本十分高。

1781年，蒸汽机用于转动的专利权获得批准，很快进行了其他改良——双动式发动机、平行运动及"调节器"的改良——但是最重要的还是将蒸汽作为推动力。

5 轮船和火车

尽管蒸汽机的发展在后期较为缓慢，但此时，却是超过了铁路的发展。继瓦特发明之后，许多人忙于解决如何通过蒸汽动力驱动船舶，但是瓦特却对此不太感兴趣。威廉·赛明顿就是对此感兴趣的人之一，他是苏格兰人，本来是被培养为政府部门人员，但后来他转入土木工程行

英国第一只搭乘旅客的汽船

1812年1月，亨利·贝尔的彗星号完工，定期往来于格拉斯哥、格林诺克及海伦斯堡之间。这只船长40英尺，宽10英尺6英寸；除了船帆，还有三个马力发动机带动四个桨轮（每侧两个）。随着对小型船速度的改进，后来四个桨轮变成了两个。

业。受福斯·克莱德运河公司主管人员——邓达斯爵士的赞助，他把夏洛特邓达斯号开进运河，结果证明了蒸汽不仅能使船移动，还能拉动其他船只。邓达斯爵士十分高兴，他把赛明顿介绍给布里奇沃特公爵，这位公爵拥有著名的运河，他订购了八艘汽船用在自己的运河上。

然而，就在赛明顿似乎名利双收之际，他的机遇却被一扫而空。福斯·克莱德运河公司担心他们的河岸会受损，禁止使用汽船，也就在同一天，赛明顿听说布里奇沃特公爵死了，这意味着他的造船希望彻底破灭了。

1812年，亨利·贝尔开始在克莱德河上启动了他的第一只汽船，且定期地、成功地在不列颠群岛上航行。这只船被称为"彗星号"，其发动机

第一次穿越大西洋

萨凡纳号是第一艘穿过大西洋的蒸汽船，这是一艘全帆的美国船只，只有当船帆不能张满帆前进时，发动机才会作为辅助，驱动船桨。1819年，这艘船从萨凡纳起航，用时25天到达利物浦，大部分时间都是靠帆前进。

功率仅相当于三匹马拉的力，它载着乘客往返于格拉斯哥和格林诺克之间。1807年，一艘汽船在纽约和奥尔巴尼之间往返，从此，美国也有了自己的"彗星号"。富尔顿在苏格兰观看了各种失败的试验，也曾亲自乘坐夏洛特邓达斯号，之后他建造了这艘汽船。拿破仑拒绝富尔顿驶向美国时，富尔顿向拿破仑提出用汽船承载军队渡过英吉利海峡，以入侵英国。

"彗星号"之后，在克莱德河上很快出现了更加强大的汽

船，到1815年，共有六艘这样的汽船。同样，英国也在建造汽船。1814年，一艘汽船开始在莱姆豪斯附近的一条运河上航行，英国市长当时就在船上，据报道，这艘船可以容纳200~300名乘客，行程达1英里，一个来回用时16分钟。另一艘船正在建造，主要往返于伦敦和拉姆斯盖特。到1823年，英国的汽船数量达到了101艘，尽管在1821年，多佛和加来之间的定期往返航行已经开始，但大部分船只都是小型船，只适用于在河里航行。1819年，第一艘汽船横跨大西洋。1825年，汽船企业在航行六

特里维西克，
便携式蒸汽机

无人能追上我

机械动力的速度胜过动物的速度。

迪克队长的喷汽机车

理查·特里维西克（1771—1833）设计了第一辆路用机车，靠蒸汽承载客人，在理查·特里维西克的众多发明之中，只有机车在铁路上行驶。特里维西克的名片（如上图）上显示了他首创的蒸汽机。

个星期后，到达印度，所用时间与一般帆船所用时间差不多，几年之后，去印度的汽船才取代了帆船。

实际上，以现代的标准判断，汽船的发展是很缓慢的。1847年，船舶的数量超过了1000艘，新船的产量大概为每年60~70艘，但是这六七十艘船放在一起所承载的重量都比不上一艘大型货船。早期的汽船都是用木头建造的，铁用于船舶的时间远远落后于铁用于机器的时间，在19世纪40年代，铁船还处于试验阶段。

第一条铁路的第一台发动机

担任史托顿—达灵顿铁路工程师期间，经议会于1821年授权，乔治·史蒂芬孙提倡采用蒸汽动力代替动物动力。这条线上的第一台发动机——"行进号"的最大速度为每小时15英里。

第二种蒸汽运输形式是铁路，尽管起步晚于蒸汽航行，即便有土地所有者的极力反对，铁路依然发展得很快。奇怪的是，在蒸汽运动方面，第一次进行尝试是在现代汽车领域进行的，而不是带有固定轨道的铁路。早在1784年，瓦特最好、最心灵手巧的工人之一——威廉·默多克开着嘶嘶响的庞然大物穿过牧师住所的小巷时，就震惊了雷德鲁思的牧师，但默多克并没有得到牧师的鼓励。1801年圣诞前夜，在雷德鲁思，浪漫且激烈的康沃尔伟人——理查·特里维西克第一次用蒸汽推动的"喷汽怪物"（又称"迪克队长的喷汽机车"）运载乘客。1803年，利用改良后的"喷汽机车"，他载着乘客把车开到了伦敦郊区，但是这次尝试却没有任何收益。

很难肯定地说谁是铁路之父，但现代铁路要归功于成功的采矿工程师——乔治·史蒂芬孙，而不是其他人。史蒂芬孙在基林沃思煤矿的铁路上应用了机车发动机。在基林沃思煤矿，他是一名检测员。担任史托顿—达灵顿铁路（开通于1825年）工程师期间，史蒂芬孙说服董事们用发动机代替马，从而把这条轨道变成了第一条铁路，而不再是电车轨道。建造曼彻斯特—利物浦铁路时，外界专家建议采用固定的发动机和电缆。作为检测员和工程师的史蒂芬孙迫切要求采用机车发动机。1829年，筹办了一场发动机竞赛，史蒂芬孙和他的"火箭号"——第一台带有管状锅炉的高速机车发动机获胜。

所以，有时人们会说，世界铁路系统始于1829年10月6日瑞恩山竞赛。1830年，开通了曼彻斯特—利物浦铁路，这条铁路的开通在世人心中留下了深刻的印象。

曼彻斯特—利物浦铁路的成功鼓舞着其他路线的推动者，到1848年，现代英国的主要铁路系统被封闭了。当所有人留出一点钱，希望通过一种或多种方式进行铁路投资，从而获利时，这些成就被过度狂热代替了，就像是十九世纪的南海泡沫。

乔治·史蒂芬孙

乔治·史蒂芬孙（1781—1848）的名字与蒸汽机紧密联系在一起。1814年，他的第一个机头试验成功。C. 特纳依据H.P.布里格斯的画像完成了这幅网线铜版印刷品。

第一条铁路的惊人之处在于，乘客们急于采用这种新型、快捷旅游方式时的那种渴望。而货物却是长时间继续采用运河运输方式。众所周知，运河在与铁路的竞争中失败了，但是这种竞争持续了许多年。十九世纪40年代，随着生产商队伍的壮大及生活、贸易节奏的普遍加快，铁路运输货物对河道上的驳船运输越来越不利。

⑥ 越来越复杂的机器

$最$后，我们来关注一下铁。在第一阶段，发现了新的生产铁的方法；在最后阶段，发现了新的使用铁的方法。机械工程学产生了，制造机器的工具本身也成了机器。

许多领域的手工加工比机械加工更好。但是，手工工艺品最激烈的倡导者都不能否认的是，瓦特时期早期的定做手工机器（有着自己的螺栓、螺钉，靠工匠的眼睛和手进行校准）比超标准化的机器更不易满足人们的需要，这些标准化的机器是由机械动力带动的自动机床塑造而成的。

活跃在十九世纪早期的人们不断地发明、改变，一遍又一遍地改良着各种机床。这些人一个接一个地或同时对以往发明所给予的对自然的控制加以利用。通过蒸汽机，瓦特开拓了一片新天地，这些人建造并维护着这片新天地。

早期的机械工程师形象地诠释了工业革命的一个表现，即：新事业向有天赋、有创造精神的人们敞开，但希望渺茫的生活却开始了。传送带的创始人是约瑟夫·布拉默（1748—1814），他因锁和液压机而出名。他曾是一名农民，后来由于事故成为跛子，从此，他放弃了农活，开始从事机械制造。亨利·默德斯利在布拉默工厂里制造出后期机床的雏形，包括随音乐而动的被称为"默德斯利的手推车"的滑动台架。默德斯利在伍尔维奇阿森纳工厂里开始了工匠生涯,后来,他成立了一家著名的工程公司。

与刨床相关的发明家有舍德比的福克斯(曾任男管家)、马修·默里(1763—1826)(铁匠的学徒)及约瑟夫·克莱门特(1779—1844)(手工织布工的儿子)。这些发明家靠发明赚钱,靠卖机器一天赚10英镑,但没有获得专利。克莱门特靠织布机起家,后来当过盖屋匠和石板瓦工,之后,跟默德斯利一样在布拉默工厂接受培训。刨床的另一位发明家——理查德·罗伯茨(1789—1864)在默德斯利的公司接受培训。罗伯茨的父亲是一名鞋匠,他们来自威尔士边界。最初,他在离家不远的铁厂上班,之后,为了逃避征兵,他就来到了伦敦。后来,他在曼彻斯特成立了公司,并生产出使他足以站得住脚的自动骡机。

由于纺织业的发达,曼彻斯特地区成了机械工程的重要中心。最著名的人有费尔贝恩(1789—1874),他变革了压榨机,以及惠特沃思(1803—1887),他将螺钉标准化并引入了标准测量仪,利用这个仪器,工人们可以将测量精确到两万分之一。

当机械工程顺利走上正轨时,利用尼尔森的热风和内史密斯的汽锤进行铁生产带了巨大变化,影响了经济。詹姆斯·博蒙特·尼尔森(1792—1865),是一名苏格兰发动机工人的儿子,他不顾专家意见改革了铁生产。铁器制造者习惯于在火炉中冷却空气,认为气越冷,铁就越好。尼尔森指出通过加热空气,铁器的体积增加,发出的响声更大。尽管实验由于资金和行业人士的怀疑而受阻,但他证明了他的论点,并在1828年获得了专利。通过使用热风炉,生产同样铁所需的煤减少了一半,而且之前不能使用的劣质煤也能用了。

1838年,内史密斯发明了汽锤,1842年,获得该发明的专利。詹姆斯·内史密斯（1808—1890），是风景画家最小的儿子，是默德斯利的学生。内史密斯发明的锤子是一块巨大的铁，靠物体上面的蒸汽动力将其举起来，进行捶打，然后把蒸汽从活塞中放出来，落在铁砧上。

这些发明带来的社会变化和工业生活的发展深深影响了英国人的性格和习惯。现在，大多数英国人住在城镇，但是在十八世纪时，大多数英国人是住在乡村的。相对于工业革命的步调而言，十八世纪的生活是悠闲、惬意的。规矩和规定的变化对工人产生了重要的影响，为了政治或工业竞争目的，更易于组织劳动力。

7 工业革命带来的深刻变化

英国地图以及英国人民的习惯和世界观都因工业革命而发生了变化。在这场工业革命之前，最有名的五个郡县是：米德尔塞克斯、萨默塞特、格洛斯特、威尔特及北安普敦。在工业革命的进程中，兰开夏郡建立了棉花产业；西赖丁的羊毛产业比在英国西南部发展迅速，布拉德福德的精纺产业超过诺威奇，而在此之前精纺产业曾在诺威奇繁荣地发展了两个世纪之久；钢铁相关产业在煤矿众多的黑乡安了家。所以，当进入十九世纪时，西赖丁、斯塔福郡及沃里克郡取代了萨默塞特、格洛斯特、威尔特及北安普敦的地位。

但是，不要认为人口将会自动地从工业衰落的地方流向工业繁荣的地方。羊毛和精纺织布工并没有从格洛斯特或诺威奇迁到利兹和布拉德福德；他们更倾向于迁到伦敦。当时的迁移过程是缓慢的，兰开夏郡和约克郡从邻近的乡村开始占据这些工人曾经的城镇。

工业革命产生了两大社会难题。一个是新工业的管理，另一个是迅速从乡村发展成为城镇或从小城镇发展成为大城镇的新地区的管理。

由于需要水力，第一批工厂沿着河流建立起来。因为当地人口稀少，居民又不愿意让他们的孩子进工厂，所以在这些地方，很难找到童工，于是工厂主便从济贫院挑选学徒，这样就解决了童工缺乏的问题。儿童毫无保护，导致出现虐待现象。蒸汽动力取代水力使在城镇和人口密集的地方建立工厂成为可能，从此，工厂的童工成了"自由劳动力"。

罗伯特·欧文及他的父亲罗伯特·皮尔勋爵力图让议会介入对儿童的保护，并取得了一定成功。1802年通过了工厂法，以保护学徒，1819年又通过一则法案，以保护所有在棉花厂工作的儿童。在英国政治中，工厂管理成了主要的国内争论主题。改革激进派的领导者有萨德勒、沙夫茨伯里伯爵及约翰·费尔登。由于他们的努力，1833年，议会通过了一则法案，引入了国家监察工厂的原则。

创造适合儿童工厂条件的困难在于不可能在不减少成年劳动力的同时减少儿童劳动力，生产厂家和经济学家认为减少成年劳动力的工作时间将对工业利益造成致命一击。

14年来，人们一直纠结于这个问题，但在1847年，通过了《工作十小时

煤矿里的妇女和儿童（1840年）

1842年，皇家委员（其任命由改革者担保）报道了煤矿里儿童们的悲惨遭遇。被迫拉车的孩子过度劳损导致身体不健康，有时甚至会导致畸形，而妇女在煤矿所受的折磨更是难以形容。

提案》，该法律适用于妇女及未成年人；在实行上，该法律适用于所有人。该法律公布后，没有产生反对者希望的恶果，它成为其他类似问题解决的先例，工厂法逐渐地遍布整个工业生活。

男孩子们在一家绳索制造厂辛苦工作

或许工厂系统最大的罪恶在于对国家年轻人的需求。儿童们刚刚从摇篮里出来就被送去工作，在最恶劣的环境和对遇下，被迫辛苦地进行长时间工作。

另一个大社会问题的解决缺少点活力，也没有这样成功。十八世纪末十九世纪初，卫生科学开始发展，许多城镇建立了医院。但是，应对城镇过度拥挤的努力却是十分微弱。解决这个问题的第一次重要尝试是1848年的《公共卫生法》。可见，以这种方式控制城镇生活和人口增长，从而消除贫民区，才是工业革命留下的最棘手的问题。

后 记

汉默顿是20世纪英国最著名的学者之一，他一生著述颇丰，涉及自然科学、社会科学、哲学和历史等诸多领域，是一位杰出的百科全书编辑，《英国传记大辞典》称赞他是"英国已知的大部头参考书最成功的创作者"。这一套"汉默顿人文启蒙"就是从他大部头作品中精选出来的一个集子，这个集子的每一位作者都非同凡响，有的是英国皇家学会的会员，有的是不列颠学院的院士，他们的思想曾深深地影响着那一个时代。他们用独特的视角洞悉人类的变迁与文明的兴衰，用非凡的思维为我们探析世界的真相与历史的智慧。今天我们要阅读他们，向他们致敬！

在此，我也深深地感谢为这个集子出版付出艰辛劳动的人们。从精选内容到翻译出版，每一个环节都让人费尽了心血。我要特别感谢水树银花（北京）国际文化传媒公司在翻译作品中所作出的努力与贡献，同时也感谢在整个编辑出版过程中，为之尽心尽的所有同事和老师，他们分别是张先勇、黄立军、潘厚荣、王文娣、刘小多、雷莹、吴素红、张学琼、魏艳珍、冯岩、张振强、阎晓霞、刘锐、林贵舟、张映发、范海飞、吴国财、吴娜、戴菊、吕广田、汪和平、张妍、贾梦婕、环梅、孟祥鑫、杨小宝、周丽、赵阿利、钮红卫、张明、李翠、李群、张丰霞、孙永贞、王芳、黄爱林、沙小钰、李琳、周霞、乔文生、孔燕萍、刘颖、孙志宏、徐英广。

正是他们不断的研磨，才让这部作品得以面世，这沉甸甸的三本书就是对大家最好的奖赏，我们每个人都应当为传播人类的思想与智慧感到自豪。

我们的真诚回报

　　亲爱的读者朋友，首先感谢您阅读我社图书，请您在阅读本书后填写以下信息。我社将长期开展"读石油出版书，获亲情馈赠"活动，凡是长期关注我社图书并认真填写读者信息反馈卡的朋友都有机会获得亲情馈赠，我们将定期从信息卡中评选出有价值的意见和建议，并为填写这些信息的朋友免费赠送一本好书。

您的资料：

您的姓名：_____ 性别：_____ 出生年月：_____ 电话：_____
文化程度：_____ 单位名称：_____
通信地址：_____ 邮编：_____
E-mail：_____
特别提示新老读者：您的资料是我们与您取得联系、反馈信息的最重要的途径，请务必填写工整。如果您的联系方式发生了变化，请再次填写此卡并及时邮寄或传真到我社。

您的意见《人类文明》（1–1）

您填写本卡的时间是：　　　年　　　月　　　日
是什么促使您决定购买本书的？如果是报纸或杂志的书评，请写明具体报刊名称：
○封面　○书名　○内容　○版式　○亲朋好友推荐　○索引及目录
书评：_____（报刊名）
您在何处购买到本书（请写明具体书店名称）：
○新华书店_____　○民营书店_____　○大型书城_____　○其他_____
您认为本书需要改进的地方：
○封面设计　○版式设计　○印刷水平　○装订水平　○内文用纸　○其他
您认为本书定价：　○较高　○适中　○偏低
您希望通过什么渠道获得我社新书消息：
○信函　○传真　○书店　○网络　○其他_____
您会推荐本书给您的亲朋好友吗？
您对本书的综合评价和建议：_____
您有兴趣成为我们的会员吗？　○愿意　○不愿意

别忘了保持联系

联系地址：
北京安定门外安华西里3区18号楼 石油工业出版社有限公司 大众图书出版中心 艾嘉
邮编：100011 E-mail：freeflybb@126.com 传真：010-64222448
网址：www.petropub.com